Die Führungskraft
in der Handschrift

Wolfgang Schlunck

Die Führungskraft in der Handschrift

Forkel-Verlag Wiesbaden

CIP-Kurztitelaufnahme der Deutschen Bibliothek

Schlunck, Wolfgang:

Die Führungskraft in der Handschrift / Wolfgang Schlunck. — Wiesbaden : Forkel, 1986.

ISBN 3-7719-6310-9

ISBN 3-7719-6310-9

© Forkel-Verlag, Wiesbaden

Alle Rechte, auch die des auszugsweisen Nachdrucks und der fotomechanischen Wiedergabe, vorbehalten.

Printed in Germany

Die abgebildeten Schriften sind nicht in Originalgröße wiedergegeben, sie wurden vom Verlag aus drucktechnischen Gründen verkleinert.

Des Autors Dank

Für wertvolle Unterstützung und großzügige Überlassung von Schriftmaterial bedanke ich mich sehr herzlich bei

Herrn Rainer H. Bruns
Herrn Dr. Rudolf Fetsch
Herrn Dr. Hans Frank
Herrn Dr. Dieter Kopsch
Herrn Fritz Leser
Herrn Brigadegeneral Model
Herrn Rudolf Ritter
Frau Michaela Röhrl
Herrn Dr. Guido Sandler
Frau Heidi Schubert
Herrn Studiendirektor Seidl
Herrn Ministerpräsident Lothar Späth
Herrn Ministerpräsident Dr. Franz Josef Strauß
und meinem Sohn Günther

Vorwort

Der Mensch gibt mit seiner Schrift ein Bild von sich selbst, das Erkenntnisse zuläßt, die vor allem dann wertvoll und wichtig sind, wenn dieser Mensch für andere, für seine Mitmenschen, Bedeutung erlangt.

Dies gilt für die Menschen, die im privaten Bereich eine Rolle spielen, es gilt aber auch für Menschen in der beruflichen Sphäre, seien dies nun Kollegen und Mitarbeiter oder gar Chefs. Je größer die Bedeutung eines Menschen für seine Umgebung, gar für das weite Umfeld, desto wertreicher wird der Einsatz der Graphologie, wobei selbstverständliche Voraussetzung ist, daß solcher Einsatz mit dem nötigen sicheren Können und Verantwortungsbewußtsein erfolgt.

In vier Jahrzehnten habe ich mit den Möglichkeiten der Graphologie in einer Vielzahl von Fällen bei der Besetzung hoher Führungspositionen Rat und Hilfe gegeben, und ich habe mich eingehend mit dem Problem des Erkennens und Bewertens der Führungskraft befaßt. Diese lange und umfangreiche Berufsarbeit gerade in diesem Bereich ist mir Anlaß und auch innere Verpflichtung, nun etwas von eigenen Erkenntnissen und Erfahrungen mitzuteilen.

Mögen die folgenden Ausführungen den geneigten Leser einen noch etwas geschärfteren Blick für die Schrift gewinnen lassen, mögen sie Anregung geben und all denen nützen, die sich von Berufs wegen mit Menschen zu befassen haben.

Ulm, im Oktober 1986

Wolfgang Schlunck

Inhaltsverzeichnis

Die Führungskraft 11
    Die Willenskraft 11
    Der Verstand 12
    Die Kraft des Herzens 13
    Die Harmonie der Kräfte 15
    Die Führungspersönlichkeit 16
    Der Führende und das Team 19
    Der Führungsbedarf 21
    Suche und Auswahl von Führungskräften 22
    Der Pseudo-Chef 23
    Die Hilfe der Graphologie 25

Die Führungskraft in der Schrift 28
    Antrieb und Zuwendung 32
    Enge und Weite der Schrift 36
    Groß und klein 39
    Nüchternheit und Opulenz 44
    Die Vitalität 46
    Härte und Weichmütigkeit 50
    Die Intelligenz 55
    Die Stabilität 61
    Die Aufrichtigkeit 65

Erkundung der Führungskraft
an Hand von Beispielen 75

Nachwort 103

Die Führungskraft

Die Führungskraft ist keine einzelne, vereinzelt stehende Kraft — es gibt deshalb auch kein einzelnes graphologisches Merkmal für Führungskraft —, Führungskraft ist vielmehr eine Summe von Kräften.

Die *Kraft des Willens, die Kraft des Verstandes* und *die Kraft des Herzens* ergeben in ihrer Kombination und Summierung die Führungskraft.

Dabei ist nicht erforderlich, daß die Kräfte jeweils gleichen Gewichtes sind, sie sollten aber in der nötigen Qualität — und in einiger Harmonie — vorhanden sein.

Der Wille bedarf des ihn geleitenden Verstandes. Der Verstand kann ohne den ihn ergänzenden, gleichsam nach außen tragenden Willen nicht produktiv wirken.

Ein Motor entwickelt Kraft; es ist Kraft ohne Seele. Ein Computer mag einen gewissen Verstand haben, doch dieser bleibt seelenlos. Wille und Verstand prägen noch keine Führungskraft, wenn nicht die Kraft des Herzens hinzukommt, wenn nicht seelische Substanz vorhanden ist. Man mag in ihr die Urkraft des Menschen sehen, sie ist das Fundament der Persönlichkeit und auch die Basis einer wertvollen Führungsleistung.

Wir wollen uns nun den einzelnen Kräften zuwenden.

Die Willenskraft

Wer sich antriebslos, schlaff und lau hängenläßt, wer sich müde und unwillig durch den Tag schleppt, der kann nicht kreativ und produktiv wirken.

Der Wille zur Tat und zur Leistung ist die Voraussetzung für jeden Erfolg. Ohne Antriebskraft, Spannkraft, ohne entschlossene Energie und Ausdauer läßt sich nichts aufbauen, kann man Schwierigkeiten nicht überwinden.

Der Wille bedarf allerdings einer gewissen Qualität, er darf nicht starr, steif, verbissen, verkrampft sein. Der Wille bedarf ungeachtet einer nötigen Härte doch einer gewissen Elastizität. Das Wollen darf nicht zur Sturheit entarten.

Wollen — und wünschen — kann man vieles, man muß aber auch erkennen, was machbar ist; das Wollen muß in Einklang mit den Realitäten sein. Um diese klar zu erkennen, bedarf es des Verstandes. Der Wille ist ohne den Verstand gleichsam blind.

Der Wille muß vom Verstand gelenkt werden, sonst entspricht er dem führungslosen Panzer, der in die nächste nicht erkannte Tiefe abstürzt.

Verbohrter Wille kann nicht expansiv wirken, der Einsatz der Kräfte muß den sich wandelnden Situationen angepaßt werden; ohne sehr wachen Verstand geht dieses nicht.

Der Starrsinnige, der Willenskraftprotz mit dem „Brett vor dem Hirn" sollte niemals führen dürfen; er reißt sich selbst und die anderen in den Abgrund.

Der Antriebsschwache, Gehemmte, Labile scheidet gleichermaßen für eine Führungsaufgabe aus.

Der Verstand

Der Verstand sollte den Willen nicht nur ergänzen, er sollte diesen beherrschen, und der Verstand hat somit die eigentliche Führungsaufgabe, denn er steuert den Einsatz.

Der Verstand muß die Orientierung ermöglichen. Der Mensch muß wahrnehmen, erkunden, analysieren, erkennen, er muß sich ein Urteil bilden können, und der Führende muß dabei selbständig, kritisch, realistisch — und auch selbstkritisch — sein.

Sein Verstand muß ihn daran hindern, sich in selbstgefälliger Selbstüberschätzung zu übernehmen.

Wunschdenken ziemt der Führungskraft nicht, Illusionen führen zum Mißerfolg. Nüchternheit ist erforderlich, doch darf sie nicht in Lähmung und Lethargie führen, wenn sich kreative Leistung entwickeln soll.

Der Verstand muß nach gewonnener Erkenntnis die Ziele setzen, er muß eine Strategie entwickeln, er muß die Wege weisen, auf denen diese Ziele erreicht werden können. Die Führungskraft bedarf der schöpferischen Phantasie. Auf Ideen, auf Planungs- und Gestaltungsvermögen kommt es entscheidend an, aber die Realitäten müssen dabei stets berücksichtigt werden.

Schwierigkeiten und Hindernisse müssen rechtzeitig erkannt werden, damit sie beseitigt oder umgangen werden können. Der Verstand darf somit nicht schlafen — er muß stets wach sein.

Mit einem engen Bürokratenverstand kann man freilich nicht führen. Die planmäßigen Abläufe sind ein Glücksfall. Die Situationen verändern sich, die Realitäten bleiben nicht gleich. Man kann sehr viel, aber doch wohl nicht alles zuvor einkalkulieren, man hat mit Überraschungen zu rechnen, und der Führende muß improvisieren können, wenn ein Plan unerwartet unbrauchbar geworden ist, wenn er von den Ereignissen überholt wurde.

Zur Improvisation bedarf es freilich nicht nur der Phantasie, der hochintelligenten Beweglichkeit, sondern auch des Mutes, somit der Kraft des Herzens.

Mit dem reinen Verstand kann man nicht führen, ein Verstandesmensch muß auch Tatmensch sein, wenn er eine Führungsaufgabe erfüllen soll, und er muß „Herz haben", sonst wäre er doch wohl einem seelenlosen Roboter ähnlich.

Die Kraft des Herzens

Man mag in der „Kraft des Herzens" einen altmodischen, unwissenschaftlichen Begriff sehen; er ist jedoch von allgemeiner Verständlichkeit.

Eine Führungskraft, die nur aus Kräften des Willens und des Verstandes bestehen würde, wäre zwangsläufig herzlos. Der herzlose Chef ist ein Unglück für seine Leute.

Der Führende muß sich „ein Herz fassen" können, er muß beherzt sein, sonst kann er keinen Entschluß fassen, der einer gewissen Courage bedarf.

Er sollte zugleich „ein Herz für die anderen" haben, und er muß der Herzlichkeit fähig sein. Ohne Herz gibt es keine Ausstrahlung, Kälte strahlt nicht, sie stößt ab, sie macht schaudern.

Mit Engherzigkeit läßt sich keine weit ausgreifende Tat vollbringen, mit Herzlosigkeit läßt sich nicht human wirken, kann man keine Menschen gewinnen, mit Herzhaftigkeit kann man etwas anpacken und hat man am ehesten die Chance, schwierige Passagen zu überwinden.

Die Kraft des Herzens ist die seelische Kraft, sie ist die innere Kraft des Menschen. Sie ergibt die für den Führenden nötige Stärke des Charakters, aus ihr kommt der Mut zur Wahrhaftigkeit und die Fähigkeit zu einer opferbereiten Zuwendung.

Die seelische Kraft ergibt die psychische Belastbarkeit, und diese kann vor allem in der Ausnahmesituation nicht groß genug sein.

Der seelisch Schwache wird von den Problemen erdrückt, der Labile kann nicht mit Erfolg führen, der Herzenskalte wird sich der Geführten nur bedienen, er wird sie mißbrauchen, verbrauchen, „verheizen"; er wird abgelehnt und deshalb auch nur sehr begrenzt wirken können.

Aus der seelischen Kraft erwächst die Fähigkeit zur Hingabe an eine Idee, an ein Ziel. Ohne eine intensive, nachhaltige innere Hingabe kann man nicht viel bewegen, lassen sich keine großen Werte schaffen.

Die Hingabe darf allerdings nicht in eine den Verstand überflutende Begeisterung ausarten, der Sinn für die Realitäten darf nie verlorengehen.

Besessenheit macht blind. Ideologie kann zünden, Feuer entfachen, sie kann umwälzend positiv wirken, sie kann aber auch zerstören, vernichten. Ideologie ist immer gefährlich, wenn sie den Verstand überschwemmt, und herzliche, herzhafte Hingabe darf nicht in eine derartige Ideologie führen. Auf das rechte Maß kommt es an.

Wenn man den Kräften eine Rangordnung geben möchte, so dürfte wohl die seelische Kraft, seelische Substanz die erste Stelle einnehmen. Der Verstand hat diese Substanz als Basis, und der Wille ist der Antrieb auf dem Weg zum Ziel.

Es steht außer Zweifel: Die Führungskraft bedarf dieser drei Kräfte — und sie sollten harmonieren.

Die Harmonie der Kräfte

ist von erheblicher Bedeutung. Der Wille darf den Verstand nicht erdrücken, und die Gefühle dürfen den Verstand nicht ausschalten.

Ein mittelmäßiger, durchschnittlicher Antrieb reicht zum Führen in heikler Lage nicht aus. Ein bescheidener Verstand bringt desgleichen nicht über problematische Situationen hinweg, er kann zur Problemlösung kaum etwas beitragen. Die seelische Schwäche macht hilflos und hilfsbedürftig, sie verhindert jeglichen Einsatz in einer Führungsposition.

Der entschlossene, dynamische Wille, der den Durchschnitt übertreffende klare und scharfe Verstand, die Kraft des Herzens, welche den Mut verleiht, die humane Zuwendung zur Umwelt und positive Ausstrahlung ermöglicht, sie ergeben gemeinsam eine vortreffliche Führungskraft.

Die *Abbildung 1*

zeigt Schriftzüge von Generalfeldmarschall Model.

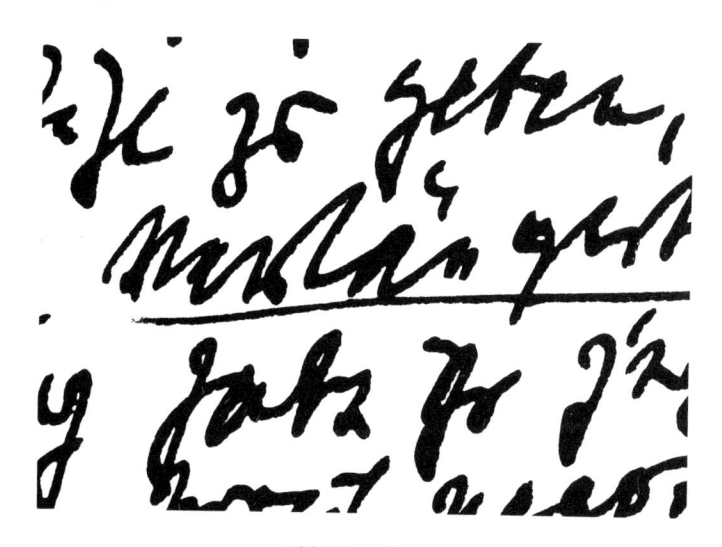

Abbildung 1

Die Schrift zeigt Führungskraft von höchster Potenz, ungewöhnliche Spannkraft, entschlossene Energie, überlegene Durchsetzungskraft, dabei eine hohe Beweglichkeit, verbunden mit raschem Erkennen der Situation.

Die Schrift zeigt hohe Intelligenz, kreative Phantasie, souveränes Gestaltungsvermögen und die präzise Aktivität des erstrangigen Heerführers.

Der Schreiber ist Herr und Herrscher, pflicht- und verantwortungsbewußt, stets gewillt, sich selbst zu exponieren, und zum höchsten persönlichen Opfer bereit.

Bequem ist der Schreiber nicht, weder für sich selbst noch für seine Umwelt. Die Leistungskraft ist außergewöhnlich.

Die folgende *Abbildung 2*

zeigt Schriftzüge eines Menschen mit Führungsansprüchen.

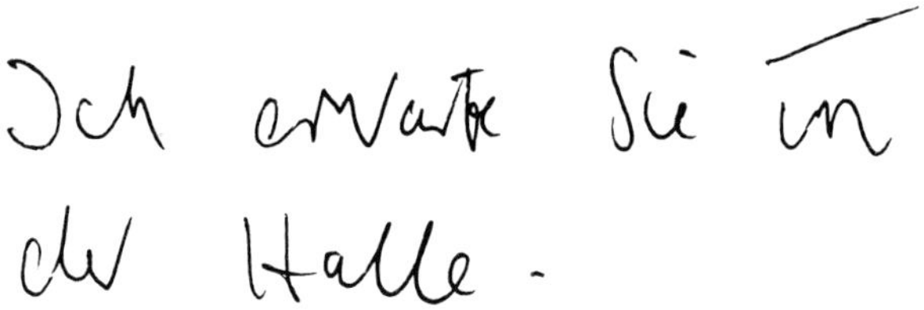

Ich erwarte Sie in der Halle -

Abbildung 2

Die Schrift ist spannungs- und haltungsschwach, die graphische Gestaltung ist primitiv. Die Schrift offenbart innere Disharmonie, Geltungswünsche, die nie erfüllt werden, und die Führungsbefähigung ist gleich null. Allein schon der überhebliche, aggressive Strich über dem i im Wort „in" zeigt eine Disziplinlosigkeit, welche den Schreiber für jede Führungsposition ungeeignet macht.

Man braucht gar nicht Graphologe zu sein, um dies zu erkennen. Die Betrachtung der Schrift gleich einem Bild, vermittelt Eindrücke und Erkenntnisse, wenn man einen sensiblen Verstand einsetzt.

Die Führungspersönlichkeit

Führungskräfte ersten Ranges sind so selten wie vierblättriger Klee. Wer mit der Besetzung von Spitzenpositionen befaßt ist, der weiß dies.

Wir haben keinen Boden, der Führungskräfte gedeihen läßt. Führerkult vergangener Zeit hat Begriffe wie „Führer", „Führernatur" und „Führerprinzip" tabuisiert.

Es wird nicht mehr zum Führenkönnen erzogen. Der einzelne soll sich in die Gemeinschaft einfügen, er wird teils gewollt, teils ungewollt „gleichgemacht", im Kindergarten, in der Schule und auf der Universität.

Der Individualist wird oftmals in der Nähe des Egoisten gesehen, der Einzelgänger wird teils mit Mißtrauen betrachtet, gar abgelehnt oder angefeindet. Wir haben deshalb die hohe Zeit der Clique, und die demokratische Mitbestimmung im Teamgeist steht obenan.

Ein Aus- und Aufbruch aus diesem für Führungskräfte so kargen Boden ist deshalb für heranwachsende Führungspersönlichkeiten überaus schwer.

Die Führungskraft wird in die Wiege gelegt.

Man kann sie nun hemmen, zerstören, ersticken, man kann sie andererseits aber auch hegen, pflegen und fördern.

Man kann einen Menschen auf- und abbauen. Man kann ihm Mut machen, sein Selbstbewußtsein stärken, man kann ihm aber auch den Schneid abkaufen, und man kann ihn zum opportunistischen Mitläufer degradieren.

Das individuelle Fördern vorhandener Kräfte ist die vornehme Aufgabe all derer, die mit dem Nachwuchs zu tun haben.

Es sollte dies eigentlich selbstverständliche Pflicht sein, denn ohne erstklassige Führungskräfte kann die Zukunft niemals bewältigt werden.

Ohne eine Elite ist die Masse verloren.

Man darf in einer Führungspersönlichkeit allerdings nicht den Übermenschen erwarten. Vom Übermenschen zum Unmenschen, das wäre zudem wohl nur ein kleiner Schritt.

Menschen ohne Schwächen gibt es nicht. Schwächen können sogar liebenswert sein, und sie können sich unter Umständen sogar positiv auswirken. Man mag überdies darüber streiten, was man denn eigentlich als Schwäche werten will und was nicht.

Wer dynamische Kräfte entwickelt, kann schwerlich ganz ausgeglichen sein. Wer ungewöhnliche Spannkraft besitzt, der ist zuweilen auch in innerer Spannung, und wer sich durchsetzen will und muß, der kann nicht anhaltend tolerant und kompromißfreudig sein.

Stärke der Empfindung führt mitunter zur Emotion, wer mit dem Herzen Anteil nimmt, der kann nicht dauernd kühl und gelassen bleiben.

Ein Führender muß kein Asket sein, man muß ihm Lebens- und Genußfreude zugestehen, nur sollte er bei der Praktizierung solcher Freude nie die Haltung verlieren. Selbstkontrolle und Selbstdisziplin sind erforderlich. Ein Chef als Trinker oder Drogenkonsument ist unerträglich.

Der etwas egozentrische Individualist ist als Chef denkbar, der engherzige, kleinliche Egoist ist es nicht.

Ehr- und Pflichtgefühl müssen gefordert werden. Ein Führender muß zu seinem Wort stehen, sonst verliert er an Glaubwürdigkeit. Mit Ausflüchten, Ausreden und Herumtaktieren verliert er an Vertrauen und damit an Wirkungskraft.

Eine nötige Härte darf zudem nie inhuman sein, und der Führende sollte verständlich machen, warum die Härte sein muß.

Die Fähigkeit zur Menschenführung ist dabei unerläßlich. Wer mit Erfolg führen will, der muß überzeugen, beflügeln, begeistern, mitreißen können, er muß in der Lage sein, zur Leistung anzureizen, er muß Kraft übertragen, vermitteln — und er muß bei alledem besonnen und realistisch bleiben.

Der Führende sollte vor allem seine Leute zum Mitdenken und zur Entwicklung eigener Initiativen bringen, und er sollte nur befehlen, wenn es sein muß.

Daß der Führende über das nötige fachliche Können und Wissen verfügen muß, dürfte wohl selbstverständlich sein. Man kann Führungskraft nicht für eine Sache einsetzen, von der man keine Ahnung hat.

Es ist freilich nicht erforderlich, daß dieses Fachkönnen alle abgelegenen Bereiche umfaßt, daß es in jeglicher Verzweigung sehr in die Tiefe geht. Der weite und klare Überblick ist wichtiger als eine Fülle von Detailwissen, für das sich der Chef geeignete Mitarbeiter und Berater verfügbar machen sollte.

Der weite geistige Horizont ist geboten, ein „Fachidiot" kann nicht führen.

Da die Führungspersönlichkeit stets eines Teams bedarf, sind einige Anmerkungen zur Kooperation mit dem Team angebracht.

Der Führende und das Team

Der Führende kann nicht ein Gleicher unter Gleichen innerhalb des Teams sein. Wer die Wärme des Teams sucht und braucht, kann nicht an der Spitze führen, denn um den Führenden ist es kalt. Er ist letztlich allein mit seinen Entschlüssen und seiner Verantwortung, und er darf diese Verantwortung niemals auf andere abwälzen.

Er muß bei allen Entscheidungen mit sich selbst zurechtkommen, und er bedarf dazu der inneren Kraft, der seelischen Stabilität. Das Team kann ihn nicht abdecken, schützen, aber es sollte ihm wertvolle Hilfe sein.

Der erste Mann muß dominieren, und er muß dies wollen und können. Er muß als Dominierender in seinem Team selbstverständliche Anerkennung finden, es darf keine Zweifel daran geben, daß er zu Recht der Chef ist. Wer nicht in seinem Führungsteam als Chef anerkannt wird, der kann auf lange Sicht nicht Chef des Teams bleiben, oder er muß sich eben von Mitarbeitern im Team trennen.

Mitbestimmung im Team ist in der Konsequenz führungsfeindlich. Sie macht die Mitbestimmer zu gleichgestellten Chefs, es wird gemeinsam geführt, gemeinsam verantwortet, ein Erst- oder Letztverantwortlicher ist nicht greifbar. Man sollte stets nur verantworten müssen, wofür man das Wort geführt, gegeben hat, und man sollte nicht verantworten müssen, was man nie verantworten wollte, was man für falsch gehalten hat. Das Team sollte keinesfalls mitbestimmen, es sollte den ersten Mann nur beraten, ihm dadurch die Entscheidungsfindung erleichtern.

Man denke in diesem Zusammenhang z. B. nur an alltägliche Situationen im Krankenhaus. Der sich einer Operation unterziehende Patient weiß sehr wohl, daß sich ein ganzes Team um ihn bemüht, er wünscht sich aber den hauptverantwortlichen Chef, an den er sich halten kann.

Ein Chef darf sich selbstverständlich auch niemals „im Team verstecken" wollen. Er muß allein verantworten, was wann, wo und wie getan wird und was unterlassen wurde.

Der vernünftige Chef wird vor schwieriger Entscheidung bei seinen Mitarbeitern Rat suchen — sofern Zeit dazu ist. Er wird Meinungen anhören, austauschen, abwägen.

Die Auffassung seiner Mitarbeiter wird ihm auch interessant sein, und er sollte sie nützen, um die eigene Auffassung zu ergänzen, abzurunden, zu korrigieren, soweit ihm dies sinnvoll erscheint.

Der Chef sollte — und muß — sich freilich sehr bemühen, mit seiner letztlich gewonnenen Auffassung, mit seiner Entscheidung, sein Team zu überzeugen. Die Mitarbeiter sollten die Erkenntnis gewinnen, daß es so und nicht anders richtig ist. Sie müssen den Weg mitgehen, sie haben die Folgen mitzutragen, wenn der Weg falsch war, sie müssen vor allem doch helfen, die Wegstrecke zu bewältigen. Tun sie dies widerwillig, so wird der angestrebte Erfolg gefährdet.

Der Führende braucht Überzeugungskraft. Niemand sollte gezwungen sein, etwas zu tun, das er für falsch hält. Niemand im Team sollte sich vom Chef bedrückt fühlen, das Team sollte gleichsam ob seines Chefs froh sein können, es sollte sich keinen anderen Chef wünschen. Mitarbeiter im Team, die den Chef nicht mögen, sollten aus dem Team ausscheiden können. Wenn fast das ganze Team den Chef ablehnt, so taugt dieser sehr wahrscheinlich nichts.

Es darf hier auf die sehr bewährte und wertvolle Organisation militärischer Führung verwiesen werden. Dem Führenden, dem Oberbefehlshaber, dem Kommandierenden ist jeweils der Chef seines Stabes beigeordnet. Er wirkt als erster Berater, er ist Chef der nachgeordneten Führungsgehilfen, und er ist zugleich der Vertreter des Inhabers der Kommandogewalt.

Wenn sich der Führende und sein Chef des Stabes verstehen, wenn überdies Harmonie mit und zwischen den Führungsgehilfen besteht, so ergibt sich ein vorzügliches Führungsteam, mit dem erstklassige Arbeit möglich ist. Es wird somit stets das Bestreben eines erfahrenen Führenden sein, sich ein solches Team zu schaffen.

Er wird sogar bemüht sein, die ihm vertrauten bewährten Mitarbeiter mitzunehmen, wenn er selbst in eine andere Führungsposition wechselt.

Da eine Führungspersönlichkeit in der heutzutage stark arbeitsteiligen und spezialisierten Berufswelt ohne Mitarbeiter nicht auskommt, ist das

Team selbstverständlich für den Erfolg mit entscheidend. Der personellen Gestaltung des Führungsteams kommt somit für jeden Führenden eine sehr große Bedeutung zu.

Der Führungsbedarf

Je schwieriger und größer die Aufgabe, je heikler und gefahrvoller die Lage, desto mehr bedarf es der Führungskraft, wenn nicht solistisch gearbeitet werden kann, wenn eine Vielzahl von Menschen eingesetzt werden muß. Der Bedarf an Führungskraft hängt von der jeweiligen Aufgabe, der Lage, den zu überwindenden Schwierigkeiten, auch von den verfügbaren Mitarbeitern ab.

Ein Sachbearbeiter bedarf der Führungskraft nicht, ein Sachgebietsleiter kann je nach den Umständen einiger Führungskraft bedürfen.

Der Bedarf an Führungskraft ist nicht unbedingt in Einklang mit Rang und Dotierung. Der Leiter eines Polizeieinsatzes oder der Chef einer Feuerwehr wird wahrscheinlich mehr der Führungskraft bedürfen als ein Ministerialdirektor in einem Ministerium.

Ein hoher Reglementierungsgrad mindert jeden Entscheidungsspielraum, Führungskraft ist dann wenig gefragt. Der Bedarf an Führungskraft ist jedoch ganz erheblich, wenn die Situation dazu zwingt, eine Reglementierung bewußt zu durchbrechen. In jeder Katastrophenlage ist Führungskraft unerläßlich.

Ein Bedarf an Führungskraft besteht freilich nicht nur in der Ausnahmelage, er besteht oftmals auch im beruflichen Alltag. Man denke hier beispielsweise nur an den Vorsitzenden Richter, der Verhandlungen zu führen hat, an den leitenden Chirurgen, der oftmals rasch und sicher weittragende Entscheidungen zu fällen hat.

Wer in leitender Position Verantwortung trägt, wer allein schnell entscheiden muß, dabei nicht lange herumfragen und sich beraten lassen kann, wer den Mut haben muß, sich zu exponieren, der bedarf in seinem beruflichen Leben der Führungskraft.

Die Sicherung des Bedarfs an Führungskräften wird freilich dann immer schwieriger, wenn die Entwicklung vorhandener, aufkeimender Führungskraft unterdrückt und abgeblockt wird, weil man eine Elite nicht will.

Wer gewaltsam in eine Masse gepreßt wird, der tut sich sehr schwer, in dieser nicht zu ersticken.

Suche und Auswahl von Führungskräften

Wer eine Führungskraft sucht, der sollte sich zuvor darüber klarwerden, daß es den Fehlerfreien, Makellosen nicht gibt, daß man auch Schwächen in Kauf nehmen muß, und er sollte abwägen, welcher Art, welcher Struktur von Führungskraft im Hinblick auf die zu besetzende Position der Vorzug zu geben ist.

Man muß wissen, ob es vornehmlich auf Härte und eine ganz massive Durchsetzungskraft ankommt, ob man die „kraftvolle, gepanzerte Lokomotive" haben muß oder haben will, oder ob man z. B. den Feinnervigen bevorzugt, weil man den Diplomaten mit dem subtilen Spürsinn benötigt.

Man sollte überdies wissen, daß es einige Eigenschaften gibt, die ein Mensch kaum in sich vereinigen kann, daß man eben deshalb Prioritäten setzen muß.

Ein leitender Mann des Verkaufs, Vertriebs, der hier gleichsam im harten „Fronteinsatz" steht, kann und sollte ein fairer und honoriger Teamchef sein, doch sollte man keine milde und stets rücksichtsvolle Toleranz von ihm fordern.

Wer etwas entschlossen vorantreiben und durchsetzen muß, der kann nicht dauernd Toleranz üben.

Die Kraftnatur hat im allgemeinen auch „Farbe", sie ist kaum anhaltend kühl und gelassen.

Man muß unter Umständen auch den eigenwilligen und streitbaren Menschen hinnehmen, wenn man den starken Mann braucht.

Was man jedoch unter keinen Umständen hinnehmen kann, das sind Antriebsarmut, Faulheit, Dummheit, Unaufrichtigkeit und anhaltende Disziplinlosigkeit.

Eine Vorauswahl erfolgt im allgemeinen schon bei Durchsicht der Bewerbungen. Es ist zumeist erkennbar, ob ein Bewerber nach Ausbildung und seinem bisherigen Berufsweg für die zu besetzende Führungsposition in Betracht kommt, ob die fachlichen Voraussetzungen hinreichend gegeben sind.

Die vorgelegten Zeugnisse können einiges aussagen, das Lesen zwischen den Zeilen mag vielleicht ein paar Erkenntnisse bringen, doch Äußerungen von Persönlichkeiten, die mit dem Bewerber beruflich zu tun hatten, dürften zumeist wertvoller sein. Man muß allerdings damit rechnen, daß negative Äußerungen fast stets vorsichtig formuliert werden, andererseits Aussagen unbewußt oder bewußt ein wenig gefärbt — dann meistens geschönt — sein können.

Das Gespräch mit dem Bewerber — dem weitere Unterhaltungen folgen können — gibt besonders wertvollen und wohl entscheidenden Aufschluß. Man darf selbstverständlich nicht erwarten, in einem Gespräch sicher ausloten zu können, wie sich der Bewerber in dieser und jener Lage verhalten wird, wo die Grenzen seiner Kräfte liegen. Und man darf nicht erwarten, daß sich die Bewerber allesamt ganz so geben, wie sie wirklich sind.

Der Angeber kann sich zurückhalten, wenn er weiß, daß seine Angabe jetzt eben negativ wirkt. Der Aggressive wird sich zurückhalten, wenn er ausgeglichen erscheinen möchte, und der Gehemmte wird bemüht sein, sich frei, frisch und lebhaft zu zeigen.

Es gibt zudem Leute, die sich selbst blendend verkaufen können, zumal sie sehr wohl wissen, worauf es ankommt und was jetzt eben erwartet wird.

Oftmals sind Bewerber schon in Führungspositionen offenbar erfolgreich gewesen und haben dadurch beim angestrebten Stellungswechsel einen teils erheblichen Bonus. Hier ist nun ein etwas zurückhaltendes Urteil geboten, denn die Tatsache, daß jemand eine Führungsposition einige Jahre — sogar mit offenkundigem Erfolg — besetzt hatte, beweist noch nicht das Vorhandensein von Führungskraft. Es ist nicht alles Gold, was glänzt.

Der Pseudo-Chef

Man kann den hohen Chef mehr oder minder überzeugend spielen. Mit etwas schauspielerischem Talent, einigem Sinn für Wirkung und einer halbwegs guten Intelligenz kann dies geraume Zeit, sogar über Jahre hinweg, recht erfolgreich sein. Es geht noch etwas besser, wenn man fachlich versierte, zugleich wohlmeinende und hilfsbereite Mitarbeiter hat, die diskret manchen Part übernehmen.

Der bemühte Chef-Darsteller darf dann freilich nicht den harten oder gar wilden Mann spielen, er muß vielmehr Bonhomie verströmen, er muß für seine Leute bequem und angenehm sein, sie würden ihn sonst loswerden wollen. Der dreist-arrogante Nichtskönner wird vom Team schnell zu Fall gebracht, sofern er keine einflußreichen Freunde hat.

Der Pseudo-Chef weicht heiklen Entscheidungen so weit und so lange wie möglich aus. Er schiebt die Probleme vor sich her, verweist lästige Fragesteller an andere. Er macht in schwierigen Lagen am liebsten die Augen zu, er möchte verschieben, verzögern, verdrängen, er möchte „die Sache aussitzen".

Dabei hat er wolkige Ausreden, warum und weshalb sich dieses und jenes jetzt eben nicht machen läßt, und will mit dem Nichtstun den Eindruck von Gelassenheit und Sicherheit erwecken.

Der Pseudo-Chef freut sich überdies, wenn er andere dafür verantwortlich machen kann, daß jetzt gar keine Entscheidung möglich ist. Er verweist auf die Zukunft, in der schon alles gut werde.

Die Spitzenposition bietet gleichsam ein Stahlgerüst, in dem der Pseudo-Chef hängt, das ihn abstützt, bis er abstürzt. Dabei sind Erfolge sehr wohl möglich, doch werden sie eben von anderen bewirkt.

Das Ende naht unter Umständen mit erheblichem Schrecken, wenn eine Notsituation oder gar eine Katastrophe überlegene Führungskraft fordert. Dann ist couragiertes und schnelles Handeln nötig, dann muß Verantwortung übernommen werden, dann bedarf es der guten Nerven und der Durchsetzungskraft.

Mit einem Macht-Apparat mag man sich einige Zeit an der Macht halten können, aber man kann nicht dort bleiben, wenn man nicht der wahre Herr und Beherrscher des Apparates ist. Der Schwache wird zum Sklaven des Apparats, er wird zur abhängigen Marionette. Ein Chef darf nie an den Fäden hängen; er muß sich der Fäden bedienen können.

Die Hilfe der Graphologie

Der Einsatz der Graphologie bei Auswahl und Bewertung von Bewerbern führt zu sachlichen, klaren und damit wertvollen Erkenntnissen — wenn der Graphologe das hierzu nötige Können hat.

Die Schrift ist ein Bild des Menschen, das dieser selbst gefertigt hat. Die Schrift zeigt den physischen und psychischen Zustand zum Zeitpunkt des Schreibens, sie ist Ausdruck der Persönlichkeit, sie zeigt Stärken und Schwächen, zeigt Fähigkeiten und ist eine Erkenntnisquelle von hohem Wert — für den, der erkennen kann.

Man kann das Bild der Schrift mit dem Röntgenbild vergleichen, denn auch die Schrift läßt Diagnosen zu, und manchmal ermöglicht sie sogar eine Prognose.

Bildqualität ist sehr wichtig, Fotokopien sind abzulehnen, und Können und Erfahrung des Diagnostikers sind von großer Bedeutung. Das ist hier wie in der Medizin.

Der erfahrene Graphologe kann Aussagen machen, welche die Auswahl des geeigneten Bewerbers erheblich erleichtern, er kann vor allem auch Fehlbesetzungen und Enttäuschungen — und damit unter Umständen beträchtliche Verluste — verhindern. Der Graphologe kann überdies den positiven Bewerbern zum berechtigten Erfolg verhelfen.

Die Schrift ist stets Produktion eines begrenzten Zeitraumes, und sie entspricht zwangsläufig dem Zustand des Schreibers, während er schreibt. Die Schrift ist deshalb Veränderungen unterworfen, die beim Schreibgewohnten, und vor allem beim sehr Disziplinierten, geringer sind als bei dem Schreiber, der dazu neigt, den jeweiligen Empfindungen nachzugeben.

Krankheit und Streß nehmen Einfluß auf die Schrift, Genuß von Kaffee und Alkohol wirken sich aus, und die Gemütslage spielt ihre Rolle beim Entstehen der Schrift. Wer als Graphologe arbeitet, hat dies zu berücksichtigen.

Häufig werden ganz bewußt und gezielt Schriftproben produziert, als solche denn auch bezeichnet, wobei teilweise gewollt „schön" geschrieben wird, teilweise innere Unruhe und Unsicherheit entstehen, weil der Schreiber an die graphologische Auswertung denkt.

Nur wer gelassene Selbstsicherheit besitzt, produziert die Schriftprobe unbefangen und hemmungsfrei und setzt sich auch nicht das Ziel, nun besonders schön zu schreiben.

Es wäre deshalb außerordentlich wertvoll, wenn nicht nur die „Schriftprobe" verfügbar wäre, vielmehr unbefangen geschriebene Notizen und Schrift, die zu verschiedenen Zeiten entstanden ist, begutachtet werden könnte. Der Graphologe muß wissen, was er verantworten kann, wie weit ihm Aussagen möglich sind oder nicht, und er muß sich im Zweifelsfall um mehrere Beispiele derselben Hand bemühen.

Der Graphologe sollte überdies wissen, welcher Art die zu besetzende Position ist, was vom Bewerber erwartet werden muß, welcher Grad von Führungskraft erforderlich ist, und wie diese Führungskraft in etwa beschaffen sein soll. Es kann zusätzlich von Wert sein, wenn der Graphologe das Umfeld kennt, in dem der Auszuwählende tätig werden soll, doch dürften einige Anmerkungen des Auftraggebers hier durchaus genügen.

Von großer Bedeutung ist selbstverständlich, daß der beurteilende und beratende Graphologe einen einheitlichen Bewertungsmaßstab hat und diesen auch anlegt. Es ist völlig unmöglich, einen Bewerber positiver zu beurteilen, weil die zu besetzende Position weniger Anforderungen stellt als eine andere.

Ein Mensch hat seine geistig-seelische Struktur, seine Leistungs- und Führungskraft in völliger Unabhängigkeit zu irgendeiner Position, deren Besetzung ansteht.

Der Graphologe muß sich seiner Verantwortung stets bewußt sein, er darf sich selbst nicht überschätzen, und er sollte keinesfalls mehr sagen, als er zu sehen vermag. Er hat die Verantwortung gegenüber dem Menschen, über dessen Schrift er sich äußert — und er hat die Verantwortung gegenüber dem Auftraggeber.

Auch der Graphologe kann irren, aber er wird dies am wenigsten tun, wenn er sich der Grenzen seiner Erkenntnismöglichkeiten und der Fehlerquellen bewußt bleibt.

Auf die Hilfe des Graphologen sollte man dessen ungeachtet nicht verzichten, wenn heikle, herausragende Positionen zu besetzen sind.

Der Graphologe sieht den Bewerber nicht, er ist nicht optisch beeinflußt, er kennt keine Zeugnisse, die beeindrucken könnten, er hat keine Meinungen über den Bewerber gehört, er sieht nur die Schrift, und er urteilt eben deshalb objektiv — soweit ein Mensch objektiv urteilen kann.

Die Führungskraft in der Schrift

Es gibt graphologische Merkmale für einzelne Eigenschaften, es kann jedoch kein einzelnes Merkmal für Führungskraft geben, weil Führungskraft eine Summe von Kräften ist, weil die jeweilige Ausformung und die Summierung einzelner Eigenschaften die Persönlichkeit bilden.

Der Graphologe ist somit genötigt, aus einzelnen Erkenntnissen zu beurteilen, ob und in welchem Grad Führungskraft vorhanden ist und welcher Art die Führungskraft ist.

Dieses Buch ist kein Lehrbuch der Graphologie, und die nun folgenden Ausführungen sollen keinesfalls ein Schnell-Kursus in Graphologie sein. Graphologie kann man nicht rasch erlernen, und Graphologie kann man nicht ohne spezifische Begabung praktizieren, aber die Ausführungen sollen dem mit der Vorauswahl von Bewerbern für Führungspositionen Befaßten ermöglichen, aus der Schrift einige Erkenntnisse zu ziehen.

Man sollte die Schrift wie ein Bild betrachten, und man sollte dabei die Schrift gleich einem Bild auf sich einwirken lassen. Man kann dabei Sympathie oder Antipathie empfinden, die Schrift kann anziehen oder abstoßen, die Schrift kann aufdringlich oder bescheiden wirken, und die Schrift kann vielerlei Eindrücke erwecken, kann freilich für einen Betrachter auch völlig nichtssagend sein.

Wer Einfühlungsvermögen besitzt, der kann sich beim Betrachten der Schrift selbst Fragen stellen und diese sogar beantworten.

Schrift zeigt Bewegung, der Schreibende bewegt sich auf dem Papier. Dies ist vergleichbar mit dem Überschreiten eines leeren Platzes, man stelle sich deshalb vor, wie der Schreiber, dieser hier zu beurteilende Mensch, über den freien Platz geht.

Er kann dies unsicher, zögernd, ängstlich tun. Er kann mit selbstbewußter Courage zügig gehen. Er kann stolz, gravitätisch schreiten, kann hastig eilen und sogar rennen, und er kann vielleicht „eine große Show abziehen".

Allein der Bewegungsablauf einer Schrift läßt schon wertvolle Schlüsse zu.

Schrift ist freilich auch Arbeit. Der Betrachter sieht deshalb einiges über die Arbeitsweise des Schreibers. Er kann penibel, korrekt schreiben — und folglich auch so arbeiten, er kann es hastig, eilfertig, oberflächlich tun. Er kann diszipliniert oder nachlässig schreiben, er kann die Schrift ökonomisch knapp halten, er kann aber auch geschwollen, umständlich schreiben, wobei er einen unnützen Aufwand betreibt.

So mag sich der einfühlsame Betrachter der Schrift zunächst die drei Fragen stellen:

1. Wie wirkt die Schrift auf mich?
2. Wie bewegt sich der Schreiber über den freien Platz?
3. Wie arbeitet der Schreiber wohl?

Fassen wir Abbildung 1 nochmals ins Auge, und suchen wir die drei Fragen zu beantworten.

Die Schrift ist sehr eindrucksvoll, sie strahlt aus, sie zieht gleichsam in ihren Bann, sie wirkt suggestiv, und sie wirkt beherrschend. Man empfindet bei der Betrachtung die starke, dominierende Persönlichkeit des Schreibers, man spürt die ungewöhnliche Spannkraft und Energie.

Das ist die Schrift des Oberbefehlshabers, der zu befehlen gewohnt ist, und der ganz bewußt die höchsten Belastungen auf sich nimmt, wobei er sich auch extrem strapaziert.

Die „Bewegung über den freien Platz" erfolgt mit einer überlegenen Sicherheit. Der Schriftzug ist zügig, entschlossen, sicher geführt. Die Bewegung zeigt selbstbewußte Aktivität — und den Herren der Situation. Da ist kein ängstliches Zögern, keine Gefahr des Stolperns und Stürzens, da zeigt sich beispielhaft die souveräne Unternehmungs- und Führungskraft.

Gearbeitet wird hier gleichsam mit sehr routinierter, sicherer Griffigkeit. Der durchsetzungsstarke Schreiber packt zu, arbeitet schnell, stößt Hindernisse zur Seite, bringt die Dinge sehr rasch voran, ist bei seinem raschen Operieren von Selbstvertrauen, Courage geleitet und wirkt dabei in hohem Maß produktiv.

Bequeme Lässigkeit gibt es nicht, die Arbeit ist gründlich, das Pflichtgefühl ist sehr ausgeprägt, hier werden Nägel mit Köpfen gemacht.

Stellen wir uns zu der nun folgenden Schrift nochmals die drei Fragen, und suchen wir nach der Antwort.

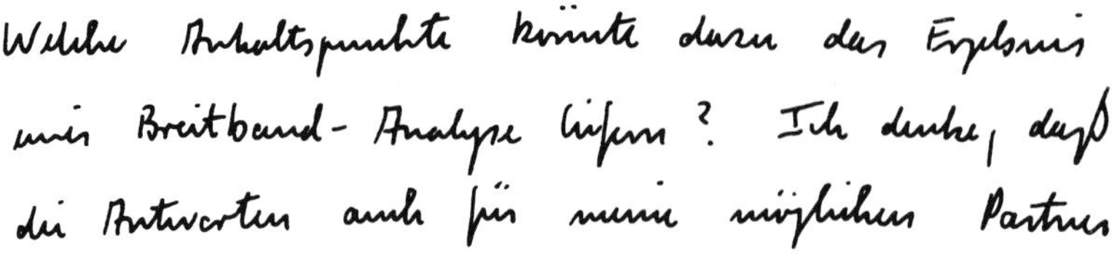

[handschriftlicher Text:] Welche Anhaltspunkte könnte denn das Ergebnis einer Breitband-Analyse liefern? Ich denke, daß die Antworten auch für meine möglichen Partner

Abbildung 3

Die Schrift wirkt etwas farblos, eintönig. Man weiß nicht so recht, was man mit ihr anfangen soll, sie sagt zunächst wenig aus. Die Schrift ist unauffällig, und so mag auch der Schreiber sein. Er stellt sich nicht groß heraus, er will nicht dominieren, er ist gewillt, sich den Realitäten zu fügen, er ist nüchtern und sachlich, dabei vielleicht auch etwas fade.

Die Bewegungen sind knapp. Das zeigt Ökonomie, aber auch den Wunsch, sich nicht sonderlich zu exponieren, nicht viel zu riskieren. Wenn der Schreiber über den Platz geht, so wird er nicht sehr bemerkt. Die Außenwirkung ist mäßig, der Schreiber nimmt keinen starken Einfluß auf seine Umwelt, er will dies auch nicht.

Die sparsamen Bewegungen sind überdies nicht so ganz sicher, im Gehen ist leises Zögern, dem Ziel sieht der Schreiber wohl kaum mit großer Freude entgegen, und die Erfolgserwartungen dürften bescheiden sein.

Diese Schriftproduktion ist eine ordentliche, befriedigende, jedoch nicht eben geniale Arbeit. Es wird dabei nicht mehr getan, als erforderlich ist, das ist wirtschaftlich sinnvoll — aber es werden auch keine großen Taten vollbracht. Es mag sein, daß der in seiner Arbeit gewissenhafte Schreiber doch etwas ermüdet war, hohen Belastungen sollte er nicht ausgesetzt sein.

Überlegene Führungskraft fehlt.

Dem Leser und Schriftbetrachter sei nun eine zusätzliche Frage gestellt: Wem würden Sie sich in einer katastrophalen Situation lieber anvertraut sehen, dem Urheber der Schrift Abbildung 1 oder dem Herrn, von dem die Schrift Abbildung 3 stammt?

Man muß wohl kaum Graphologe sein, um hier die Antwort zu finden.

Wenden wir uns in *Abbildung 4* einer weiteren Schrift zu.

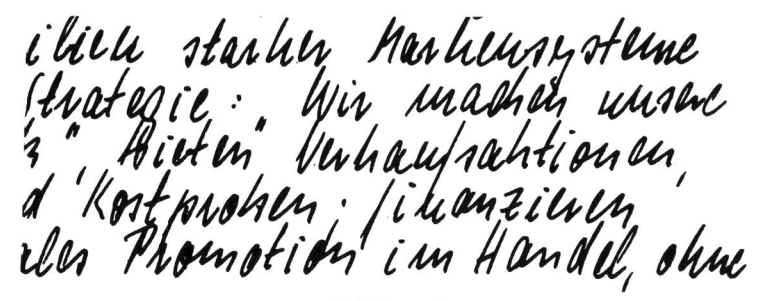

Abbildung 4

Diese sicher geführten Schriftzüge vermitteln den Eindruck eines zielstrebigen, entschlossenen Wollens. Selbstbewußt sicher geht der Schreiber voran, die Bewegung zeigt Konzentration und ein selbstverständliches Gleichmaß. Der planmäßig operierende Schreiber zieht die Aufmerksamkeit auf sich, er wird beachtet — er kann überzeugen.

Die Arbeit des Schreibens erfolgt mit Präzision. Hier zeigen sich ausgeprägter Sinn für Methodik und Systematik sowie Selbstkontrolle und Disziplin. Es kommt zu keiner Erschlaffung, Ermüdung, die Leistungskraft und Belastbarkeit übertreffen erheblich den Durchschnitt.

Diese sehr stabile Persönlichkeit will und kann Verantwortung übernehmen, sie kann führen.

Ein bequemer Ja-Sager ist dieser eigenständige Mann allerdings nicht.

Die folgende *Abbildung 5* zeigt die Schrift einer jungen Dame.

Abbildung 5

Die Schrift beeindruckt durch eine sichere und zugleich gelöste Beweglichkeit, und sie ist gefällig, ohne überzogen auffällig zu sein, gibt ein Bild der Harmonie.

Die Schreiberin geht mit einem dezenten und eleganten leichten Schwung über den Platz, wird gesehen — findet Sympathie. Sie ist sich der positiven Wirkung bewußt, aber sie ist frei von Überheblichkeit.

Als Arbeit ist die Schrift einwandfrei. Klarheit, Exaktheit und Tatfreude machen die Schreiberin zu einer sehr wertvollen Mitarbeiterin, der man auch ein Team anvertrauen kann.

Man vergleiche *Abbildung 6.*

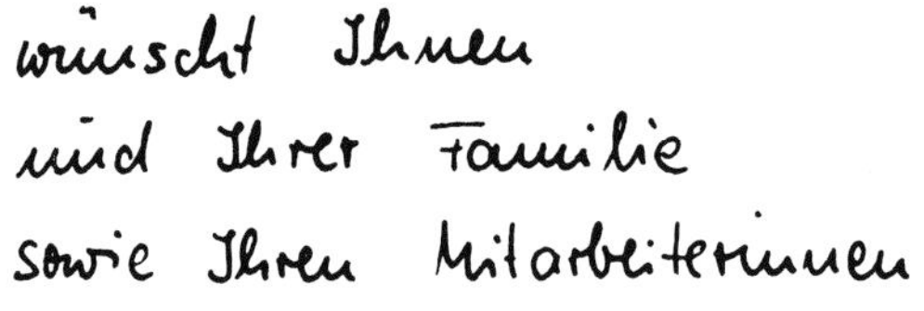

Abbildung 6

Diese feinnervige, zögernde Schrift vermittelt den Eindruck von Unsicherheit. Die etwas gehemmte Schreiberin traut sich nicht voran, sie hat Angst vor dem Auftritt, leidet unter ihrer Befangenheit, steht gleichsam unentschlossen am Rand des Platzes, den sie dann schließlich mühsam — und mit einigem Bangen — überwindet. Hier ist keine frische und forsche Aktivität, hier zeigt sich jedoch eine bemühte Fein- und Fleißarbeit.

In einer Führungsposition — und in heiklen Lagen — ist die gutwillige Schreiberin überfordert, ihre Kräfte sind allzu bescheiden.

Antrieb und Zuwendung

sind von hoher Bedeutung, wenn man einer Führungsaufgabe gerecht werden will. Abbildung 6 zeigt die Antriebskraft, die für das Bewältigen einer einfachen Aufgabe — hier die des Schreibens — ausreicht. Die Kräfte reichen freilich nicht aus, um auch der Umwelt starke Impulse zu geben. Die Schreiberin ist mit sich selbst beschäftigt, sie macht treu und brav, was ihr aufgegeben, was ihre Pflicht ist, sie schreibt korrekt, macht ihre Arbeit verläßlich, aber sie hat keinen kraftvollen Motor, keine Dynamik, und sie nimmt keinen wesentlichen Einfluß auf ihre Umwelt.

Gehen wir nochmals zu Abbildung 1. Der expansive und intensive Schreiber zeigt eine ganz massive Entschlossenheit, die nach rechts gerichtete Schrift geht auf die Umwelt zu, geht die Mitmenschen an, bestimmt das Geschehen, zwingt anderen ihren Willen auf.

Der Antrieb ist hier ungewöhnlich stark, die Zuwendung an die Aufgabe, an das Ziel und an die Umwelt ist in hohem Maß ausgeprägt.

Die nach außen gerichtete Zuwendung zeigt sich in Rechtslage der Schrift. Wer nach rechts geneigt schreibt, neigt zu einem impulsiven, zuweilen auch aggressiven Vorgehen, die Gefühle sind erheblich beteiligt, die Geduld bleibt oft mäßig, vor allem wenn kraftvoll, druckstark und rasch geschrieben wird.

Antrieb und Zuwendung kommen auch sehr deutlich in *Abbildung 7* zum Ausdruck.

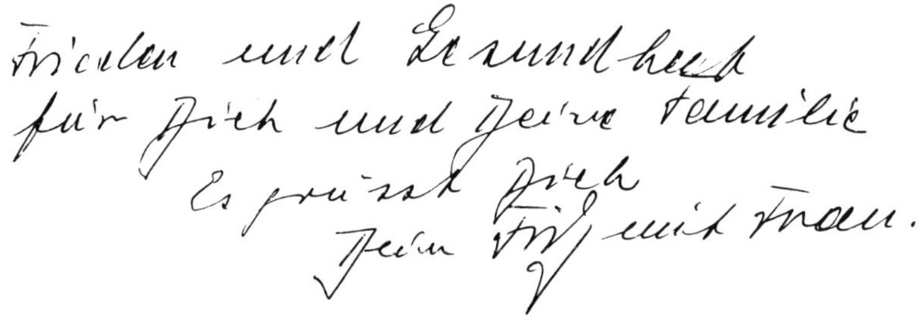

Abbildung 7

Die Rechtsläufigkeit der Schrift zeigt gefühlsbetonte, herzliche Zuwendung, sie zeigt die Tatfreude des unternehmerisch denkenden und handelnden, kreativen Menschen. Die Weite der Schrift zeigt Großzügigkeit und Humanität, und die Exaktheit der Schrift zeigt pflichtgetreue und verantwortungsbewußte Leistung.

Die Antriebskräfte sind ganz erheblich, obwohl der Schreiber das achte Lebensjahrzehnt längst erreicht hat. Solide Führungskraft ist noch vorbildlich da, der leistungsfreudige Schreiber wirkt noch immer gestaltend und nimmt wertvollen Einfluß auf seine Umwelt.

Vergleichen wir Abbildung 2. Diese labile Schrift zeigt eine geringe Linksläufigkeit. Der Schreiber wendet sich von der Umwelt ab, sie interessiert ihn allenfalls, wenn sie ihm etwas bringt. Statt Antriebskraft haben wir Antriebsschwäche, die Lustlosigkeit springt gleichsam ins Auge. Intensive und herzliche Zuwendung darf man hier nicht erwarten.

Die nach links geneigte Schrift zeigt Abwendung, Abwehr, Distanzierung, sie offenbart den Ichbezogenen.

In der abwehrenden Haltung steckt Vorsicht, es wird kein vermeidbares Risiko eingegangen, es wird sorgsam analysiert und berechnet. Dies gilt nicht, wenn die Schrift lau und lässig ist, wenn keinerlei Schreibdisziplin besteht.

Betrachten wir die folgende *Abbildung 8,* es ist die Schrift von Feldmarschall Montgomery.

Abbildung 8

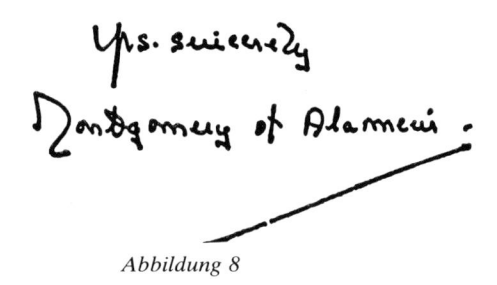

Wir sehen eine ganz geringfügige Linksneigung, die Schrift ist nahezu senkrecht. Hier zeigt sich die verstandesbetonte Persönlichkeit, die gelernt hat, die Empfindungen zu disziplinieren, sich in hohem Maß zu beherrschen. Hier ist keine spontane Zuwendung, hier herrscht eine dezente und kritische Distanz. Der Schreiber ist ein erstrangiger Analytiker, er schreibt klar, nüchtern, sachlich, ist dementsprechend der kühle Realist, der überaus kluge Rechner, und ist ein Meister der sorgsamen Planung, für die er wissenschaftliche Akribie und Geduld einsetzen kann.

Es kommt nicht zu ungewollten Emotionen, Disziplinlosigkeit ist dem Schreiber zuwider, und fremd ist ihm überdies jegliche Angabe.

Diese präzise und deutliche Schrift ist unauffällig, der Schreiber kann sich bescheiden, und die Schrift ist zugleich überaus ökonomisch, es gibt keinen unnützen Aufwand.

Die subtile Schrift zeigt Geduld und Beharrlichkeit, der Schreiber hat seine Prinzipien, er bleibt sich selbst treu, und er gibt sich still und intensiv seiner Aufgabe hin. Hier ist gar kein lautes Gepränge, ganz und gar keine Show, hier ist pflichtgetreuer, zielbewußter, gründlicher und korrekter Einsatz, es kommt zur Leistung von höchstmöglicher Qualität.

Diese Schrift zeigt eine bezwingende Führungskraft, die sich nicht aggressiv nach außen entlädt, die aus der Substanz heraus wirkt.

Allerweltsfreundlichkeit liegt dem verhaltenen Schreiber nicht, er hegt zudem den eigenen Sinn, und er kann deshalb in der Kooperation auch schwierig sein.

Dieses Schriftbeispiel möge deutlich machen, daß hohe Führungskraft sehr wohl auch dann da sein kann, wenn die Schrift nicht sehr expansiv nach rechts gerichtet ist. Wer Führungskraft hat, schreibt zumeist in einer Zuwendung nach rechts, aber das kann keine Regel sein.

Für die Kunst des Führens gibt es nicht nur ein Rezept, sie kann in verschiedener Weise praktiziert werden, und Menschen verschiedener Struktur können gleichermaßen Führungsbefähigung haben.

Antriebsschwäche und Labilität machen das Führen unmöglich, aber die Zuwendung muß nicht exzessiv oder aggressiv sein, es gibt auch die still-intensive Zuwendung, wie wir sie hier in der Schrift des souveränen, eigenständigen und eigenwilligen Feldmarschalls sehen.

Besondere Beachtung verdient der Marschallstab, der die Unterschrift ergänzt.

Wer stark nach links geneigt schreibt, der eignet sich nicht zum Führen, der ist so sehr von seinen Mitmenschen abgewandt, daß ihm Kontakte schwerfallen, dessen Empfindungen sind so egoistisch gefärbt, daß er wachsende Ablehnung erfährt, daß er gleichsam „nicht ankommt". Fast stets verbindet sich Linksneigung der Schrift mit Enge der Schrift, auf die wir noch zurückkommen, wer nach links geneigt schreibt, kann kaum im weiten Zug schreiben.

Die Schreiberziehung nimmt sicherlich ihren Einfluß, der schreibende Mensch ist stets auch ein Kind seiner Zeit; die Persönlichkeit wird aber stets die Schablone überwinden, aus dieser ausbrechen, die eigene Schrift entwickeln. So haben denn auch die Menschen, denen die gleiche Schreiberziehung gegeben wurde, sehr bald eine unterschiedliche Schrift. Wer also dazu erzogen wurde, nach rechts geneigt zu schreiben, kann dies sehr wohl alsbald ablegen, wenn es seiner Natur nicht gemäß ist.

Gehen wir nun einen Schritt weiter, befassen wir uns mit der

Enge und Weite der Schrift

Die Weitzügigkeit darf man wörtlich nehmen. Der weite Zug der Schrift offenbart das weite seelische Feld und die Weite des Denkens. Der Schreibende „zieht in den freien Raum", er sucht Freiheit, er ist expansiv. Er mag die nahe Grenze gar nicht, und die beengende Reglementierung ist ihm zuwider. Es liegt ihm auch nicht, anderen enge Grenzen zu ziehen, er ist zumeist tolerant, sofern er nicht aggressiv gestimmt ist.

Den Weitzügigen „zieht es nach draußen", er möchte erkunden, entdecken, erschließen, er möchte etwas erleben und unternehmen. Er mag nicht lange beharren und warten, er möchte weitergehen, und er ist der Zukunft zugewandt. So erfaßt ihn bald einige Ungeduld, liegt ihm die zeitraubende Kleinarbeit wenig, schätzt und sucht er den Wechsel der Eindrücke, die er oftmals rasch verbraucht.

Der Weitzügige bedarf des Raumes, exakter ausgedrückt: der Schreibfläche, er stellt somit Ansprüche, auf welche der eng Schreibende verzichtet. Hier wird nicht streng ökonomisch genutzt, wird nicht gespart, es wird bei sehr weiter Schrift verschwendet.

Die weite Schrift ist häufig auch eine große Schrift, und die Großzügigkeit ist oftmals auch Großspurigkeit — wir kommen hierauf zurück.

Wer weitzügig schreibt, läßt sich nicht gerne führen, er möchte ja so weit wie nur möglich frei sein, er möchte ohne Gängelband losziehen, er ist jedoch sehr wohl fähig, andere zu führen — so er nicht allzu leichten Sinnes ist. Er sieht und denkt voraus, er traut sich nach vorn, er hat Selbstvertrauen, Courage, er hat das optimistische Gefühl, daß es schon gutgehen wird, er geht seinen Leuten, seiner Truppe voran, er darf dabei allerdings nicht zum Traumwandler werden, sonst wird es für sein Gefolge — und für ihn selbst — gefährlich.

Man kann keineswegs schlechthin sagen, daß Weitzügigkeit mit Führungsbefähigung identisch sei, auch ein Labiler, ein Führungsschwacher kann weitzügig schreiben, aber eine weite — nicht übertrieben weite — Schrift kann Führungskraft vermuten lassen.

Vor allem ist der weite Schriftzug zumeist ein Produkt des generösen Menschen; der kleinliche Egoismus ist ihm fremd.

Wir finden die Weite in den Schriften der Abbildungen 1, 5 und 7, doch auch die Schriften 2, 3 und 4 können nicht als enge Schriften bezeichnet werden.

Um aus der Enge einer Schrift Schlüsse zu ziehen, braucht man kein Graphologe zu sein. Wer eng schreibt — obwohl er Schreibfläche hat, um weitzügiger zu schreiben — beengt sich selbst, er legt sich freiwillig Beschränkung auf. Man mag hieraus Bescheidenheit und Genügsamkeit ableiten, es könnte auch Geiz in Betracht kommen.

Enge wird vorwiegend negativ empfunden, der Weitherzige wird gemeinhin dem Engherzigen vorgezogen, und mit einem Engstirnigen mag man kaum viel zu tun haben.

Die Enge schränkt ein. Im engen Tal nisten die Vorurteile, wohnt die Befangenheit, ist auch Angst vor der Weite. Die Enge ist keine Basis für weite Gedanken, aus der Enge sucht nur den Ausbruch, wer wider seine Natur in sie verbannt ist.

Die enge Schrift entspricht kaum der Führungskraft, sie entspricht jedoch sehr wohl dem Fleißigen, Braven, der sich ein- und unterordnet, den Zwängen und Reglementierungen unterwirft, der ordnungsgemäß „funktioniert".

Enge macht freilich zur Menschenführung völlig ungeeignet, denn sie will stets auch anderen Enge auferlegen. Es wird gezüchtet, dressiert, bevormundet, eingezwängt, es wird keine freie Entfaltung gewährt.

Die folgende *Abbildung 9* zeigt eine enge Schrift. Wir sehen pedantische Korrektheit, den steten Willen, die Pflicht zu tun, den Sinn für Ordnung und Systematik, den redlichen, soliden Fleiß, aber wir sehen nichts, was auf das Vorhandensein von Führungskraft schließen lassen könnte.

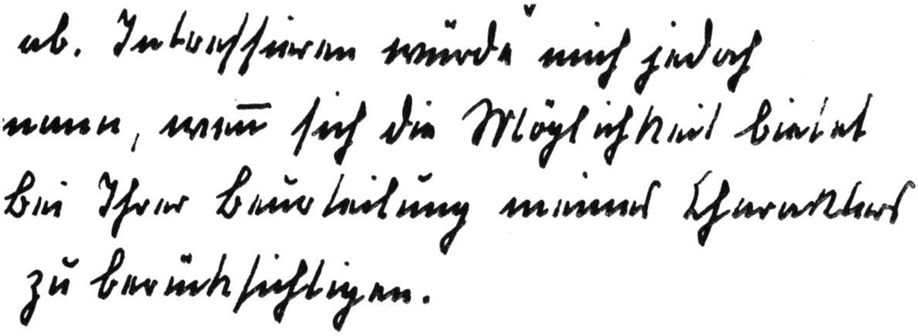

Abbildung 9

Die Kooperation mit dem rechtschaffenen Schreiber kann zudem schwierig sein, weil es ihm an der Beweglichkeit fehlt, die das Eingehen auf andere ermöglicht. Er ist zu starr, zu spröde, zu steif, viel zu wenig flexibel.

Abbildung 10 zeigt eine Schrift, die das Merkmal einer gewissen Enge aufweist, hier spricht die erkennbare Enge — man könnte sie auch als einen Mangel an Weite bezeichnen — jedoch nicht gegen Führungskraft.

Die kantige, eckige Schrift ist ein Bild der harten Entschlossenheit. Der Schreiber schreibt klar, griffig, exakt. Er weiß sehr genau, was er will, und er hat seine festen Prinzipien — auf denen er lästig reiten kann.

Der Wille ist unbeugsam, und der Kompromiß ist dem Eigenständigen recht zuwider. Hier ist keine sensible Flexibilität, keine geschmeidige Wendigkeit, hier dominiert eine trotzige Festigkeit.

Die Schrift zeigt harte Selbstdisziplin, der sehr stabile Schreiber wird auch die anderen disziplinieren wollen, und er wird als Chef ein straffes Regiment führen, wobei er zwar korrekt sein, sich aber kaum beliebt machen wird.

Weitblick läßt sich hier nicht erkennen, die Schrift zeigt nicht sonderlich viel Phantasie, der Schreiber ist nicht der große Stratege, aber er ist ausgeprägt leistungsbewußt, er kann begrenzt führen — wenn es vornehmlich auf eine konsequente Härte ankommt.

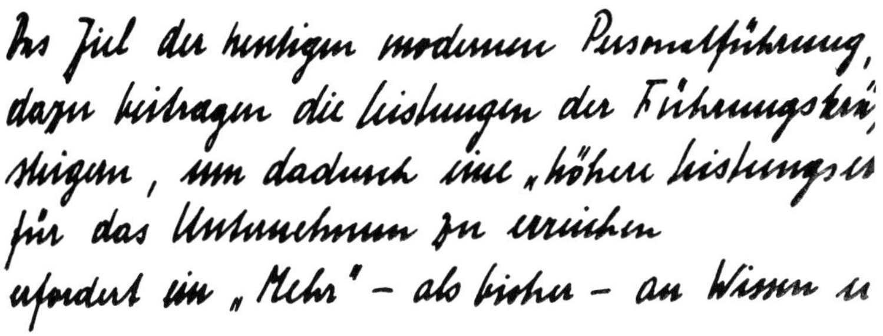

Abbildung 10

Wir sehen, daß Weite und Enge einer Schrift erhebliche Erkenntnisse zulassen, es sind die meisten Schriften jedoch nicht ausnehmend weit oder ausgeprägt eng, sondern von einer normalen Weite, und dann sind die Erkenntnismöglichkeiten bescheidener.

Der übertriebenen Weite und Enge sollte man kritisch begegnen.

Selbstverständlich hat man sich stets die Frage zu stellen, ob der Schreiber nur eng schreibt, weil ihm eine nur knappe Schreibfläche zur Verfügung steht. Die Enge der Schrift sagt dann allenfalls aus, daß er mit den Realitäten zurechtkommen kann.

Groß und klein

Knapp bemessene Schriftzüge ergeben geringen Aufwand, sie sind ökonomisch und bilden die kleine Schrift. Wer sich viel Aufwand gar nicht leisten kann, weil die physischen Kräfte schwach sind, so im Zustand der Krankheit und im hohen Alter, der wird im allgemeinen etwas kleiner schreiben, als er zu der Zeit schrieb, da er im Vollbesitz seiner Kräfte war.

Wer klein schreibt, der will nicht groß auffallen, er stellt sich nicht groß heraus, er weiß sich zu bescheiden, er ist nüchtern und sachlich. Die kleinen Schriften sind deshalb auch selten graphisch bereichert, es werden keine Mätzchen gemacht, man verzichtet auf das Überflüssige.

Wer klein schreibt, sucht nicht die große Gesellschaft, es drängt ihn nicht nach vorn an die Rampe, um dort zu brillieren, er kann mit sich selbst allein sein, es ist aber auch denkbar, daß ihm das Alleinsein aufgezwungen wurde, wobei ihn dieses vielleicht bedrückt.

Der denkende, suchende, forschende Mensch, dem an der großen Selbstdarstellung nichts liegt, der seine Arbeit gern in stiller Zurückgezogenheit macht, der begnügt sich zumeist mit kleiner Schrift. Es wäre völlig verfehlt, in der kleinen Schrift ein Zeichen des kleinen Geistes zu sehen, es können sehr hohe geistige Kräfte wirken, aber die Gedanken schweifen nicht eilig dahin, sie sind punktuell konzentriert, und es wird mit Geduld und Akribie gearbeitet, ohne daß große Außenwirkung angestrebt wird.

Wer klein schreibt, kann freilich auch kleinlich sein, allzu lange „den Pfennig suchen", allzu ängstlich die Regeln beachten, zu sehr in den Problemen bohren, wobei er sich unter Umständen selbst das Leben erschwert. Lebenskünstler schreiben kaum klein.

Die kleine Schrift kann auch auf Befangenheit, Schüchternheit schließen lassen, wer klein schreibt, ist oftmals verhalten empfindlich, kann unter Empfindsamkeit — und auch unter Niedergeschlagenheit — leiden, er kann sich schmerzhaft klein fühlen.

Es ist hier anzumerken, daß die Größe der Schrift auch etwas von der jeweiligen Stimmung abhängt. Wer seelisch leidet, schreibt fast stets kleiner, als er ansonsten zu schreiben gewohnt ist. Wer guter Dinge, wer gar in Euphorie, wer enthemmt ist, dessen Schrift nimmt gemeinhin etwas an Größe zu.

Leiden bedrängen und schwächen, vermindern die Aktivität und verkleinern häufig die Schrift.

Wer klein schreibt, bedarf besonders der toleranten Rücksicht, man muß ihm mit Taktgefühl begegnen, sonst kommen kaum herzliche Kontakte zustande. Man darf ihn keinesfalls bedrängen, er zieht sich sonst weiter zurück. Oftmals ist er introvertiert. Der subtilen Findigkeit ist er zumeist fähig, und das kritische Beobachten liegt ihm fast stets.

Dem klein Schreibenden liegt der große Auftritt vor Massen nicht, er strebt nicht nach dem starken Effekt, er stürmt nicht aggressiv vor, er gibt sich nicht anmaßend laut, er schätzt die Stille, er ist genügsam und zumeist bedächtig.

Die große Schrift zeigt Großzügigkeit, sie offenbart das Selbstwertgefühl, es kommt zur voluminösen Selbstdarstellung. Wer groß schreibt, möchte groß sein, er stellt seine Ansprüche, sie können — bei sehr großer Schrift — maßlos sein. Die Größe ist nicht mit Substanz identisch, es kann sehr wohl eine hohle Größe sein. Die Schrift ist mitunter aufgeblasen, aufgebläht, und zeigt dann eitle Selbstüberschätzung.

Der groß Schreibende möchte auffallen und dominieren. Er macht sich breit und groß, er hat dabei erheblichen Raumbedarf, und er ist dabei nicht ökonomisch. Der Effekt ist ihm wichtig, es interessiert ihn nicht sonderlich, „was es kostet".

Die große Schrift zeigt oft Sinn für Wirkung, Begabung für Werbung, Freude am Auftritt, und der Schreiber sucht dabei sein Publikum. Er strebt deshalb nach Kontakt, er ist zumeist gesellig, die Einsamkeit schätzt er nicht, er möchte sich mitteilen — und er will imponieren.

Die folgenden drei Abbildungen mögen den Größenunterschied von Schriften verdeutlichen.

Abbildung 11 zeigt eine keineswegs besonders enge, wohl aber kleine Schrift einer Dame von hohem Bildungsniveau und einer sensiblen Beweglichkeit, mit welcher sie sich auf ihre Umwelt einzustellen vermag, wenn ihr diese Umwelt zusagt.

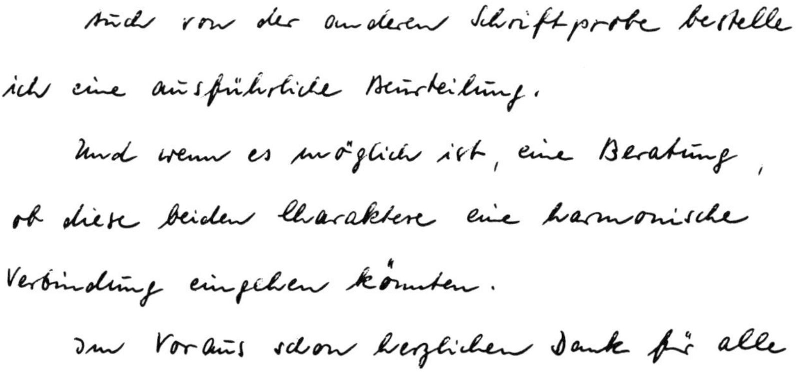
Auch von der anderen Schriftprobe bestelle
ich eine ausführliche Beurteilung.
Und wenn es möglich ist, eine Beratung,
ob diese beiden Charaktere eine harmonische
Verbindung eingehen könnten.
Im Voraus schon herzlichen Dank für alle

Abbildung 11

Vergleichen wir diese kleine — und dabei harmonische — Schrift mit der nun folgenden Schrift *Abbildung 12*.

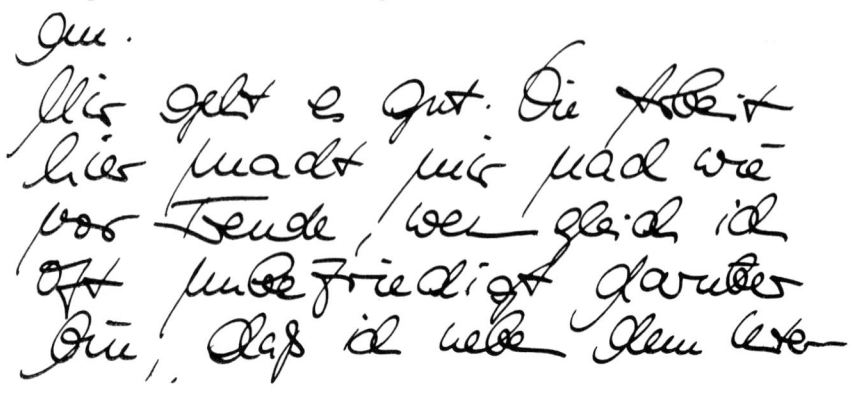

Abbildung 12

Hier wird weit größer geschrieben. Die Schreiberin genießt ihren Auftritt, die Freude an der brillanten Selbstdarstellung ist augenscheinlich. Die graphische Gestaltung gleicht einem Kunstwerk. Die sehr sicheren Schriftzüge offenbaren eine reiche Phantasie — jenseits von spröder, nüchterner Sachlichkeit. Geltungsstreben ist deutlich, die Schreiberin möchte auf sich aufmerksam machen, und sie vermag dies vortrefflich. Hier ist Farbe in Fülle, wirkt Faszination.

Die nachstehende *Abbildung 13* zeigt eine Schrift, die weder klein noch besonders groß ist, wir haben es hier mit einer „normalen", ausgewogenen Größe zu tun, und diese harmonisch fließende Schrift zeigt einen ausgeglichenen Menschen.

Abbildung 13

Die Größe der Schrift hängt freilich auch von der jeweiligen Seelenlage und vom physischen Zustand ab. Niedergeschlagenheit schlägt die Schrift nieder.

Seelischer Schmerz führt zur Verkleinerung der Schrift. Angst macht starr und klein. Wer mit Furcht des Kommenden harrt, schreibt nicht groß, und wer an Mißerfolgen, Enttäuschungen oder gar Schicksalsschlägen zu leiden hat, dessen Schrift wird nicht sonderlich groß und ausladend werden.

Schreiben ist Arbeit, und wer von Schmerzen geplagt, von Krankheit gezeichnet, geschwächt ist, wird kleiner schreiben als zuvor. Alter verkleinert oftmals die Schrift, die Lebenswelt des alten Menschen ist ja auch kleiner geworden, die Bewegungen fallen ihm schwerer, und so werden auch die Schreibbewegungen spärlicher, knapper — und letztlich auch immer mühsamer.

Die Euphorie, das gesteigerte Lebensgefühl, das Empfinden einer ungehemmt starken Kraft bewirken eine Vergrößerung der Schrift. Der durch Alkohol Enthemmte wird zumeist größer schreiben — solange er noch schreiben kann, es wird dann freilich auch zu graphischen Entgleisungen, zu Vergröberungen kommen, wenn Alkohol weiter wirkt.

Wer in exponierter Position zu führen hat — und dieses kann —, wird im allgemeinen nicht besonders klein schreiben. Es ist andererseits die sehr große Schrift auch kein Zeichen der Führungskraft. Der Großspurige kann führungsunfähig sein, Selbstüberschätzung, Überheblichkeit und vorlaute Angeberei sind keineswegs Eigenschaften, die zum Führen befähigen.

Die positiven Führungskräfte haben vorwiegend eine Schrift von mittlerer Größe, das Selbstgefühl ist durchaus stabil, aber es ist nicht überzogen.

Betrachten wir die Schrift einer Persönlichkeit von außergewöhnlicher Führungs- und Ausstrahlungskraft, die Schrift von General de Gaulle, *Abbildung 14.*

Hier ist nichts von betonter oder gar überzogener Größe, hier zeigt sich jedoch ein natürlicher, gelöster und zügiger Bewegungsablauf, und in der Bewegung ist trotz der sehr begrenzten Schreibfläche eine Weitzügigkeit, welche die seelische und geistige Weite offenbar werden läßt.

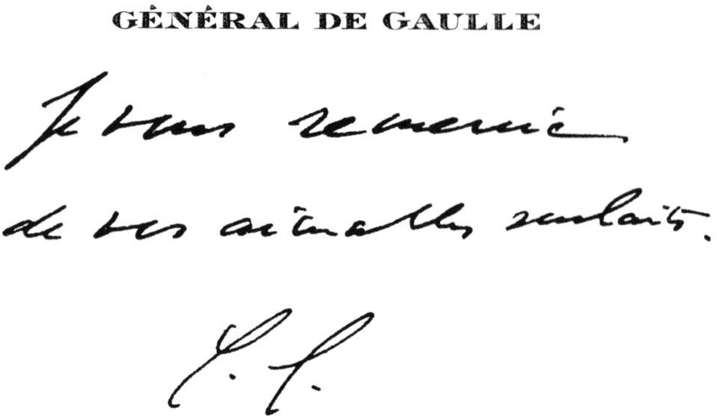

GÉNÉRAL DE GAULLE

Abbildung 14

Will man die Schriftgröße richtig werten, so muß man freilich bedenken, daß General de Gaulle gerade sein 75. Lebensjahr vollendet hatte, als er dies schrieb. In diesem Alter ist aufwendige Bewegung selten, die Bewegungen werden knapper, oft auch beschwerlicher, und da wird die Schrift denn auch etwas kleiner.

Bemerkenswert ist die Rechtslage, welche in hohem Maß Zuwendung ausdrückt. Hier werden intensive Gefühle entwickelt, hier ist Hingabefähigkeit. Diese weite und freizügige Schrift zeigt die Liebe zur Freiheit, den freien Mut, den Weitblick und die Fähigkeit zur Vision.

Hier offenbart sich auch Führungskraft von einem sehr hohen humanen Niveau.

Die Schrift ist bar jeder unnützen Zutat, jeglichen Zierrats, in dieser graphischen Produktion ist nicht die kleinste Effekthascherei. Die ökonomisch gestaltete Schrift offenbart persönliche Bescheidenheit, Sinn für das Wesentliche.

Nüchternheit und Opulenz

kommen gerade in der Handschrift deutlich zum Ausdruck. Die Schriftzüge von General de Gaulle beschränken sich auf das sachlich Nötige. Es wird mit nüchterner Sachlichkeit operiert, obwohl die Gefühle erheblichen Anteil nehmen. Dabei wird deutlich, daß Sachlichkeit überhaupt nichts mit Gefühllosigkeit zu tun hat.

Man kann sehr wohl — gleich dem General — nüchtern und realistisch urteilen und handeln, obwohl das Herz mitspricht.

Befassen wir uns nochmals mit der Schrift in Abbildung 3. Auch diese Schrift ist nüchtern und sachlich, es fehlt aber vollkommen die Hingabe und die Kraft der Gefühle, hier ist keine Zuwendung. Der Vergleich mit der Schrift des Generals macht es klar erkennbar.

Der Urheber der Schrift in Abbildung 3 vermag nicht sehr nach außen zu wirken, de Gaulle konnte es hervorragend.

Nüchternheit hat nichts mit Ausdrucksschwäche zu tun. Das wird auch sehr deutlich, wenn man die Schrift von Generalfeldmarschall Model, Abbildung 1, betrachtet. Sie ist wahrhaftig spannungs- und ausdrucksstark, aber sie ist völlig frei von Verzierung und Prunk.

Die graphisch knappe Schrift ist Zeichen der Beschränkung, der Ökonomie. Überflüssiges bleibt weg, es gibt keine Aktivität, um zu imponieren, es gibt nur das nötige, sinnvolle Tun, wobei dieses dann besonders wirkungsstark ist. Die Schrift von General de Gaulle macht die weise Beschränkung sehr klar erkennbar.

Allerdings kann Beschränkung auch als arme Kargheit auftreten. Sehen wir uns noch einmal die Schrift der Abbildung 3 an: Hier haben wir das Bild der dürftigen Stube mit dem kärglichen Mahl.

Abbildung 12 zeigt das Gegenteil: Im prächtigen Raum finden wir den reich gedeckten Tisch mit dem opulenten Festmahl. Hier haben wir Überschwang, hier wird nicht gespart, hier werden Ansprüche gestellt und befriedigt, hier zeigt sich Sinnesfreude.

Opulenz kann freilich auch mit Schaumschlägerei einhergehen, überzogene Genußwünsche und Ansprüche können die Umgebung belasten. Die attraktive Frau ist nicht unbedingt ideal, wenn sie zu viel begehrt.

Führungskräfte schreiben vorwiegend nüchtern, sie haben es nicht nötig, sich zu schmücken, und Überflüssiges behindert nur auf dem Weg zum Erfolg.

Graphische Anhängsel, Zutaten, Ausschmückungen können ein Zeichen der Hochstapelei sein. Sie offenbaren auch schwelgende und schweifende Phantasie, die sich von den Realitäten hinweg in Wolken begibt.

Die etwas bereicherte, ausgeschmückte, opulente Schrift kann freilich auch Ausdruck künstlerischer Befähigung sein. Weitzügige Bogen sind mitunter Zeichen von Musikalität. Es kommt sehr auf das Niveau der Formen an. Abbildung 12 zeigt ein hohes Formniveau, hier sehen wir Sicherheit des Geschmacks und Ausdrucks und auch die Fähigkeit zum künstlerischen Gestalten mit viel Sinn für Farbe und Form.

Die Vitalität

kommt in der Handschrift zum Ausdruck. Schrift zeigt die vitalen Kräfte des Körpers, der Seele, des Geistes. Der physisch angegriffene Mensch schreibt geschwächter, der Robuste und zugleich Gesunde schreibt druckstark, kraftvoll, an der Produktion der Schrift ist ja stets der Körper beteiligt.

Vitalität geht mit zunehmendem Alter zurück, doch gerade die Schrift macht deutlich, daß auch im höheren Lebensalter noch bedeutende vitale Leistung möglich ist, somit hohe Führungsaufgaben hervorragend bewältigt werden können. Betrachten wir nur die sehr vitale Schrift der Abbildung 7, der noch immer unternehmungsfreudige und führungsstarke Schreiber war 75, als er dies schrieb, und betrachten wir die Schriftzüge von General de Gaulle, der auch in diesem Alter ungebrochen führungsstark wirkte.

Führungskraft wird im Alter nur schwächer, wenn Krankheiten sehr abbauend wirken und wenn die Geisteskraft nachläßt. Denken wir hier an Schillers Satz: „Es ist der Geist, der sich den Körper baut." Die Vitalität eines Menschen kann noch recht lange vom Geist genährt werden, und es zeigt dann auch die Schrift trotz physischer Leiden noch vitale Beweglichkeit. Der bewegliche Geist darf freilich nicht behindert werden, er braucht freies Feld, um noch wirken zu können, man schneidet einem Menschen den Lebensfaden ab, wenn man ihm die Möglichkeit zur geistigen Betätigung nimmt.

Die vitale Kraft äußert sich in der Zügigkeit der Schreibbewegungen und im Schreibtemperament. Der Vitale mit Geist schreibt schnell, es gibt freilich auch eine Vitalität, die von wenig Geist begleitet wird, da wird dann langsam, gemächlich geschrieben.

Die Schrift von Generalfeldmarschall Model, Abbildung 1, läßt die vitale Kraft „ins Auge springen". Die Schrift wird sehr zügig und sicher, entschlossen gezogen, der ganze Bewegungsablauf vollzieht sich schnell, das Schreibtempo ist erheblich. Da ist selbstverständlich auch der Ablauf der seelischen und geistigen Vorstellungen beschleunigt.

Wer auf hoher Ebene zu führen hat, muß unter Umständen sehr rasch handeln. Wer zur Gemächlichkeit neigt, ist da fehl am Platz. Der rasche, weittragende Entschluß bedarf der Selbstsicherheit, und diese kommt in der Schrift von Abbildung 1 deutlich zum Ausdruck.

Bei allen erfolgreichen Führungskräften werden wir in der Schrift Sicherheit finden, und sie ist unerläßlich, wenn jemand eine Führungsposition gut ausfüllen will — oder dieses soll oder muß.

Behende Aktionssicherheit zeigt die folgende *Abbildung 15:*

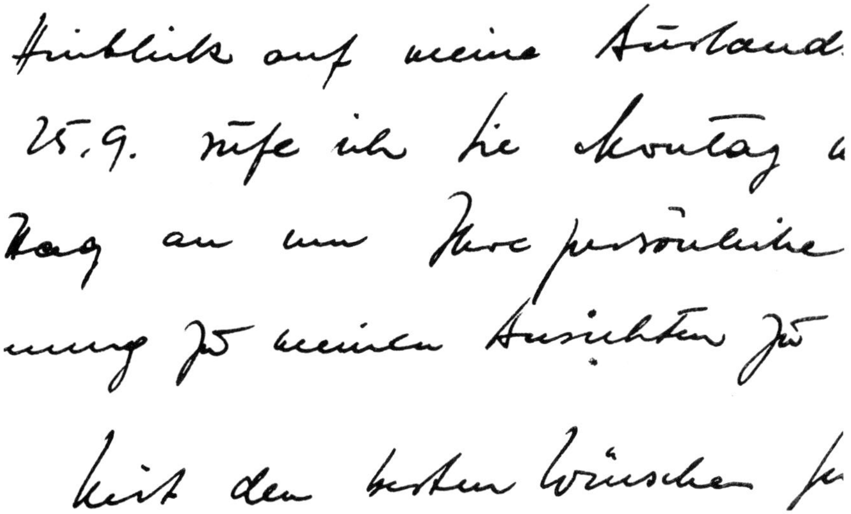

Abbildung 15

Die gelöst-bewegliche Schrift zeigt in ihrer Weite den weltläufigen und großzügigen Unternehmer, wobei hohe und kreative Intelligenz — mit der wir uns noch befassen — von wertvollem Spürsinn ergänzt wird. Die Schrift zeigt in ihrer Gestaltung eine beachtliche Phantasie, und die tatfreudige Courage ermöglicht ein freies und flexibles Operieren. Hier ist nichts starr und verkrampft, hier wirkt positive Ausstrahlung, und die weitzügige Zuwendung läßt tolerante Humanität erkennen.

Hier haben wir Führungskraft, die von rücksichtsloser Härte frei ist, wobei sich der Schreiber dennoch mit Erfolg durchsetzt.

Die Rechtslage zeigt, daß das Herz mitspricht, der Schreiber ist der Hingabe fähig.

Interessant ist ein Vergleich mit der nun folgenden Schrift, *Abbildung 16:*

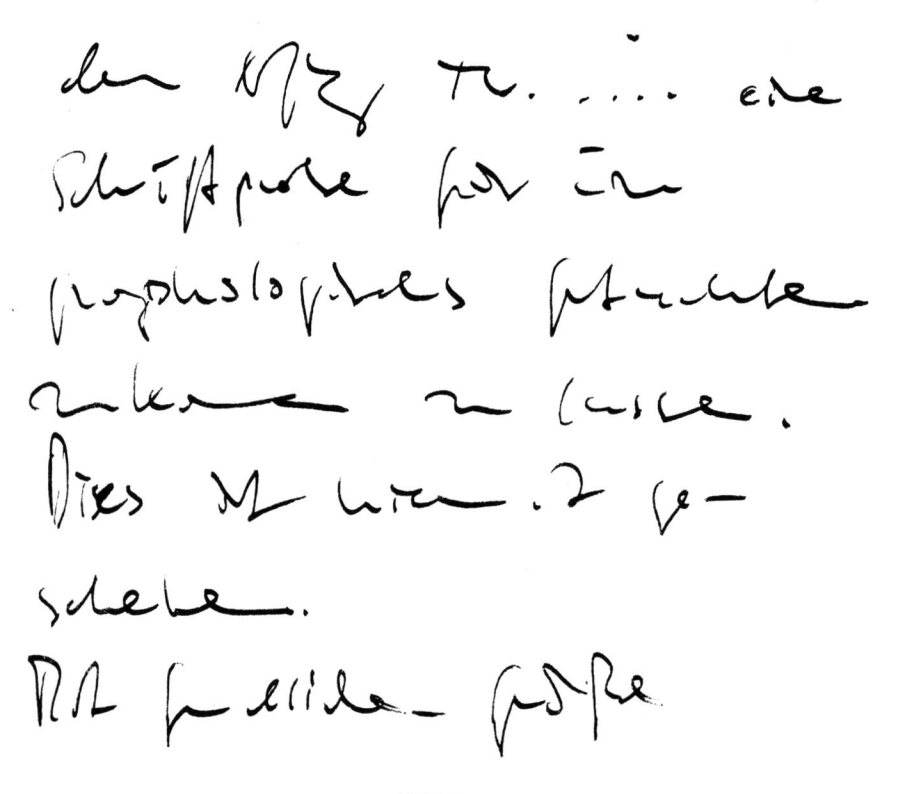

Abbildung 16

Diese sehr weiten Schriftzüge vermitteln den — richtigen — Eindruck von Großzügigkeit. Hier ist so gar keine kleinliche Pedanterie, kein Bezug zur peniblen Bürokratie, hier ist viel Freiheit und Toleranz, welche der wendige Schreiber auch für sich selbst wünscht.

Er mag sich nicht eng einspannen lassen, ihm ist jede Zucht zuwider, er neigt aber auch nicht zur straffen Disziplin, und er gerät in seiner ungehemmten Weitzügigkeit sogar in die Nähe der Disziplinlosigkeit.

Diese Schrift zeigt eine nicht straff beherrschte Vitalität, wohl aber ein lässiges Sichgehenlassen. Die Kräfte sind frei und ungezügelt, und eine gewisse nonchalante Bequemlichkeit steht einem harten Einsatz im Wege.

Vergleichen wir Abbildung 16 mit Abbildung 1. In der Schrift des Generalfeldmarschalls Model sind Ordnung, Methodik und Systematik, ist hoch konzentrierte Spannkraft, wird die ungewöhnliche vitale Kraft zielbewußt und planmäßig eingesetzt; in der Schrift Abbildung 16 ist dies alles nicht der Fall.

Für die Position eines Oberbefehlshabers ist der Urheber der Schrift Abbildung 16 nicht geeignet. Er vermag zwar vortrefflich zu improvisieren, aber er muß dies auch tun, um einigermaßen bestehen zu können, und es wird dabei zu viel riskiert. Der Schreiber ist mit sich selbst allzu nachsichtig. Die Intelligenz ist freilich beachtlich, wir kommen auf diese zurück.

Vitalität für sich allein bringt noch nicht den Erfolg. Wer führen will, muß die vitalen Kräfte ebenso gezielt wie diszipliniert und klug einsetzen. Wir finden diesen Einsatz bei nahezu allen erfolgreichen Führungskräften. Intelligente und sehr bewegliche Improvisation kann vorübergehend viel nützen, den dauernden Erfolg sichert sie nicht.

Die Vitalität hat selbstverständlich unterschiedliche Strukturen. Sie kann etwas derb und kernig robust sein, sie kann in einem rücksichtslosen Draufgängertum zum Ausdruck kommen, sie kann aber auch sensibel sein. Auch der Feinnervige kann erhebliche Vitalität haben, auch der Empfindsame kann belastbar sein, wenn er sich zu disziplinieren vermag, wozu der Wille erforderlich ist.

Ein robuster Mensch kann schwach sein, wenn er sich gehen und treiben läßt, wenn er sich keine klaren Ziele setzt, wenn er keine Selbstdisziplin aufbringt, wenn der Wille zur Leistung fehlt.

Vitalität hat eben nur dann einen Wert, wenn sie positiv eingesetzt wird.

Abbildung 1 zeigt diesen positiven Einsatz exemplarisch, hier haben wir auch die harte Vitalität. Abbildung 5 zeigt die sensible Vitalität, und

Abbildung 7 zeigt eine Vitalität, in der sich Härte und Sensibilität vereinen, wobei es nie zur rücksichtslosen Härte kommen kann, die Härte nicht stark ausgeprägt ist.

In der Schrift von Abbildung 8 ist die Vitalität nicht auf den ersten Blick erkennbar, der Schreiber ist introvertiert, die vitale Kraft tritt nicht stark nach außen in Erscheinung, die Kraft ist verhalten, verdeckt.

Abbildung 6 zeigt eine bescheidene Vitalität, die sensible und dabei ausdrucksschwache Schreiberin sollte nie exponiert eingesetzt sein, Führungskraft fehlt völlig, jedoch kann sie in einem kleinen Kreis Verantwortung übernehmen, die Gutwilligkeit ist auch etwas wert.

Abbildung 10 zeigt eine kompakte Vitalität, die Schrift in der konsequenten Eckigkeit eine kaum beugsame Härte, eine tolerant-sensible Einfühlung darf hier kaum zu erwarten sein.

Eines ist offenkundig: Ohne Vitalität kann man nicht führen. Es bedarf der geistigen Vitalität, aber selbst eine sehr große geistige Beweglichkeit allein genügt nicht, man muß vielmehr intensive Kräfte des Willens einsetzen können, wenn man produktive Führungsleistung unter erheblichen Schwierigkeiten erbringen will oder muß. Dies geht nicht ohne Härte, aber sie darf niemals inhuman sein.

Härte und Weichmütigkeit

sind in der Handschrift zumeist leicht erkennbar. Die Härte äußerst sich im starken Schreibdruck, in kräftigen Schriftzügen, in eckigen graphischen Gestaltungen, wie wir sie vor allem in Abbildung 10 sehen. Besondere Beachtung verdienen die Buchstaben „n" und „m", bei deren Gestaltung hier keine runden Formen, sondern klare Winkel entstehen, wodurch die Schrift eckig wird.

Die Winkelform zeigt sich vor allem in der Gleichmäßigkeit, in der sie in Abbildung 10 zum Ausdruck kommt, eine sehr ausgeprägte innere Stabilität, eine Stetigkeit, Standhaftigkeit, die freilich auch zu Starre, sogar zu Sturheit führen kann. Wer so schreibt, will und kann sich durchsetzen, ist dem Kompromiß abgeneigt, erfreut sich des eigenen Sinnes und Willens, trotzt unbeugsam den etwaigen Schlägen des Schicksals und ist außerordentlich belastbar, wenn er gefordert wird.

Wer betont gestrafft eckig schreibt, der ist auch im Umgang eckig und kantig, dem liegt die gemütvolle Freundlichkeit nicht, dem ist das Weiche zuwider, der mag nicht diplomatisch sein, der mag nicht von seinen Vorstellungen abgehen, der reitet seine Prinzipien.

Wer Kämpfe aufnehmen muß, wer in exponierter Position mit großen Schwierigkeiten zu kämpfen hat, wer massive Entschlossenheit einsetzen muß, der sollte in seiner Schrift möglichst die Winkelform zeigen.

Wir finden diese Winkelform auch in der Schrift von General de Gaulle, Abbildung 14, wenngleich sie nicht ganz so ausgeprägt auftritt wie in der Schrift in Abbildung 10.

Die Winkelgestaltung zeigt sich auch in der engen Schrift der Abbildung 9. Wenn die Schrift eckig und eng ist, so ist die Kooperation mit dem Schreiber schwierig, denn es belastet eine starre Engherzigkeit das Zusammenleben. Wer sehr eng und starr und steif-eckig schreibt, der sollte nicht in hoher Führungsposition eingesetzt sein, weil er zu wenig Toleranz, zu wenig Verständnis für die ihm anvertrauten Menschen aufbringt, deshalb als Führer abgelehnt wird.

An Stelle des eckigen Winkels tritt oftmals die Rundung, die gefällige, freundliche Form der Girlande. Wir sehen diese in der Schrift Abbildung 5, recht deutlich auch in Abbildung 12. Solchermaßen gerundete Formen sind vor allem bei Schriften in Rechtslage ein Zeichen des Entgegenkommens, des Zugänglichseins. Wer Girlanden gestaltet, nimmt gerne Kontakt auf, schätzt die angenehmen zwischenmenschlichen Beziehungen — und möchte dazu beitragen, daß diese Beziehungen gut bleiben. Girlande ist Hinwendung zur Gesellschaft, zur Geselligkeit, um positiv und aktiv teilzunehmen, vor allem, wenn die Schrift Zuwendung — eben die Lage nach rechts — zeigt.

Wer weitzügig nach rechts geneigt mit Girlanden schreibt, der braucht auf ihm zufliegende Sympathie nicht zu warten. Die Girlande ist Zeichen der Gutartigkeit, Gutmütigkeit, und wenn die Schrift auch noch weit ist, so darf man mit einer großzügigen Hilfsbereitschaft rechnen. Allerdings sind diese Menschen auch in Gefahr, ausgenutzt zu werden.

Die Graphologen sprechen bei Winkel und Girlande von Bindungsform, ist es doch die Form der Verbindung von einzelnen Buchstaben.

Die vorgenannten Abbildungen zeigen diese Formen deutlich, sie finden sich oftmals jedoch weit weniger ausgeprägt, und es gibt Mischformen, deren Deutung recht schwierig sein kann. Mitunter sind die Ecken nicht so ganz exakt, und oftmals finden sich teils Ecken und Winkel und teils die Girlanden. Dies läßt dann den Schluß zu, daß des Schreibers Verhalten wechselhaft ist. Er kann sich hart zeigen, er bleibt dies aber nicht unbedingt, er ist nicht stetig, beständig, er kann „enthärtet" werden, von Prinzipien abgehen, er hat mitunter Anwandlungen von einiger Weichmütigkeit. Es mag auch sein, daß er nicht durchweg klar weiß, was er nun eigentlich will, es kommt zu Entschlüssen, die wieder bereut, unter Umständen rückgängig gemacht werden; der Schreiber ist nicht gänzlich berechenbar, ist er jetzt hart, eigensinnig, halsstarrig, ist er morgen weicher, freundlicher, zum Kompromiß geneigt, zeigt er sich übermorgen vielleicht wieder spröde, versteift; es bleibt jedoch nicht dabei, es kommt wieder zu etwas Entgegenkommen, Nachgiebigkeit. Mit solchem Partner kann man sich schwertun.

Die nachstehende *Abbildung 17* zeigt eine „fadige" Form, die kleinen „n", „m" und „u" — die sogen. Mittelbuchstaben — schlängeln sich so dahin; dies in einer weit- und großzügigen Schrift. In einer engen Schrift läßt sich das „Fadige" gar nicht so produzieren.

Hier kommt die Linksläufigkeit der Schrift hinzu. Wer in solcher Fadenform gestaltet, mag sich nicht festlegen.

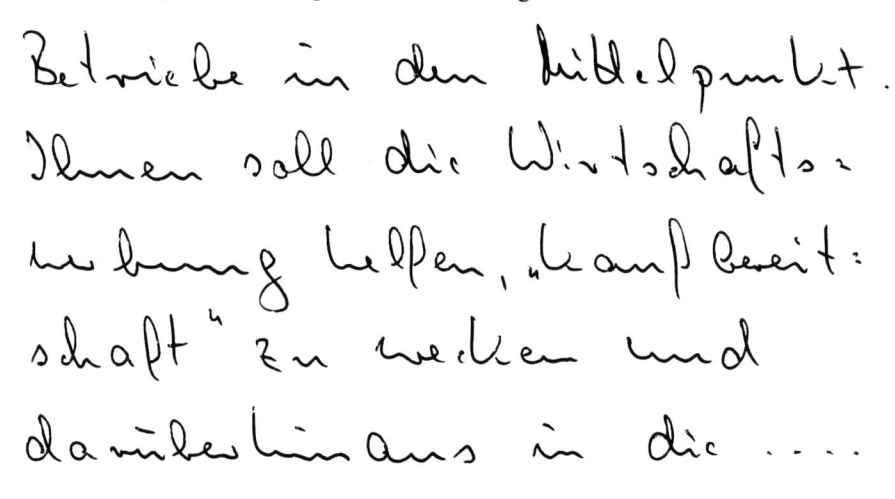

Abbildung 17

Dem Schreiber gefällt die Geste der Großzügigkeit, er ist — das macht die Weite deutlich — auch tolerant und zumeist kulant, er mag sich aber nicht sehr engagieren, belasten, er weicht geschickt und rasch in Unverbindlichkeit aus, wenn ihm etwas nicht paßt, schon wenn etwas lästig zu werden droht. Die „fadigen" Mittelbuchstaben sind das Zeichen der Unverbindlichkeit.

Wer so schreibt, kann zwar einfühlsam lenken, und bei der Selbstdarstellungsfreude, die aus den Schriftzügen hier spricht, kann damit gerechnet werden, daß der Schreiber sich auch als bedeutende Führungskraft präsentieren kann.

Wer so schreibt, sollte aber nicht persönliche Härte aufbringen müssen, denn er entschwindet rasch, wenn es gefährlich wird. Eine Eignung für eine exponierte Führungsposition haben wir hier nicht. Des Schreibers ideenreiche Wendigkeit und Akquisitionsbegabung mag ansonsten freilich durchaus wertvoll sein.

Die Fadenform zeigt Elastizität, Flexibilität, sie ist immer ein Zeichen der Wendigkeit, wobei diese allerdings auch zu weit gehen kann, der Unberechenbarkeit sehr benachbart ist. Man weiß nicht, woran man ist, wenn jemand „so fadig schreibt".

Beachten wir nochmals die Schrift der Abbildung 16: Auch hier haben wir keine klaren Winkel, keine deutlichen Girlanden, die Mittelbuchstaben schlängeln sich so dahin, sehr schnell, sehr gewandt, großzügiglässig.

Die Schrift vermittelt das Bild sich überaus schnell und geschickt bewegender Fische im Wasser, die behende entgleiten, wenn man sie fassen und fangen will.

Auch hier ist letztlich Unverbindlichkeit, obwohl sich der so weitzügig Schreibende sicherlich recht effektvoll verbindlich zu geben weiß.

Wer eine sich dahinschlängelnde Schrift produziert, der versteht es vortrefflich, sich zwischen Klippen hindurchzuschlängeln, der manövriert, ohne anzustoßen und anzuecken, sehr frei nach Belieben, der läßt sich nicht an- und einbinden — und den sollte man auch nicht in harte Pflichten zu nehmen suchen — es ginge nicht gut.

Eine weitere Bindungsform ist die Arkade, gleichsam das Gegenstück der Girlande. Während die Girlande ein nach oben offener Bogen ist, so ist der Bogen der Arkade nach unten offen, die Arkade deckt ab. Wir sehen dies in der folgenden *Abbildung 18:*

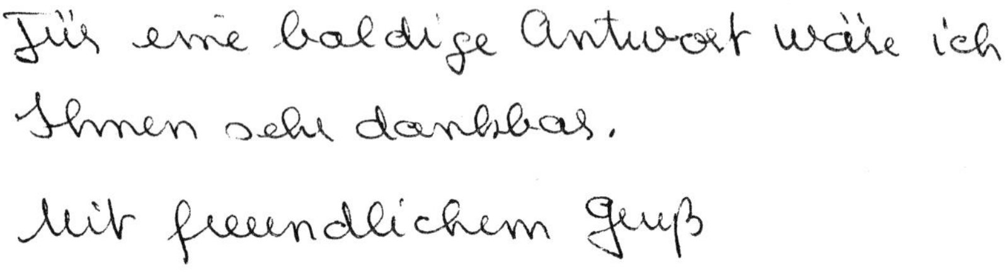

Für eine baldige Antwort wäre ich Ihnen sehr dankbar.

Mit freundlichem Gruß

Abbildung 18

Die langsam und zögernd geführte Schrift gibt ein Bild der Unsicherheit. Die Linksneigung zeigt eine Abwehrhaltung, ein freies Entgegenkommen liegt der Schreiberin nicht.

Man kann in der Girlande das Bild einer offenen Schale sehen, in der Arkade den Deckel. Die Arkade überwölbt, überdeckt, sie soll abschirmen, Schutz gewähren, etwas absichern. Wer in der Schrift Girlanden gestaltet, der ist den Eindrücken und Einflüssen zugänglich und der Anpassung fähig, wer hingegen Arkaden produziert, schirmt und sperrt sich ab, hält sich bedeckt, ist Einflüssen nur schwer zugänglich. Der Arkadenschreiber hat kein weites, sehr offenes Herz, er deckt die Empfindungen ab, die Seele bleibt in geborgener Obhut, es waltet Vorsicht und manchmal Mißtrauen, vor allem, wenn die Schrift wie in Abbildung 18 linksläufig ist.

Arkadengestalter sind keine leichtsinnigen Schwätzer, sie wissen zu schweigen, Geheimnisse zu bewahren, man darf unbekümmerte Offenheit nie erwarten. Der Umgang mit ihnen kann deshalb diffizil sein, zumal das Selbstgefühl oftmals verhalten empfindlich ist, Mißgefühle gepflegt, Kränkungen selten vergessen werden. Rasche Anpassung gibt es nicht, die persönlichen Belange werden sehr gewahrt, abgesichert, und die eigene Auffassung und der eigene Standpunkt werden nicht leichten Herzens verlassen. Die Kooperation mit dem Girlandenschreiber ist unkomplizierter.

Es gibt nun freilich Schriften, die wechselnde Bindungsformen zeigen. Da gibt es Winkel und Girlanden und manchmal Arkaden und teils fadige Gestaltungen in einem ungleichmäßigen Wechsel, und da haben wir es dann mit Menschen zu tun, deren Verhalten wechselhaft ist, und die manchmal Rätsel aufgeben können.

Es gibt die widersprüchlichen Naturen; sie sind gar nicht so selten, und es wird zum Problem des die Schrift Begutachtenden, mit diesen Widersprüchen zurechtzukommen, sie im Gutachten so klar darzustellen, daß der Auftraggeber kein verworrenes Bild bekommt, mit dem er nichts anfangen kann.

Menschen werden oft völlig verschieden beurteilt, wenn sie nur einseitig bekannt sind. Der brutale Kommandant eines Konzentrationslagers ist für den geschundenen Häftling die Bestie, zugleich für seine Kinder vielleicht der gute Papa und für seine Sekretärinnen der großzügige, tolerante, umgängliche und sehr geschätzte Chef.

Ein Mensch kann viele Seiten haben, und die Fassade und die Substanz dahinter entsprechen sich zuweilen nicht.

Die Intelligenz

kommt auch in der Schrift zum Ausdruck, auf welche Weise — das wollen wir untersuchen.

Intelligent ist ein Mensch, wenn er schnell und leicht etwas auffassen kann, wenn er selbständig urteilen kann, wenn er Scharfsinn und Tiefsinn besitzt und wenn eine gewisse Originalität und Produktivität des Denkens vorhanden ist.

Das schnelle und leichte Erfassen zeigt sich im raschen Ablauf von Schrift, wenn die Schrift dabei in einem guten Formniveau bleibt, wenn sie nicht verschlampt, gleichsam „verschlammt". Wer langsam schreibt, läßt sich Zeit, er braucht dann auch Zeit zum Erfassen und zum Bedenken, und er wird auch nur mühsam zu einem Urteil finden.

Die langsame Schrift zeigt nicht nur Schwäche des Antriebs, sie zeigt auch den langsamen Ablauf der seelischen und geistigen Vorstellungen, Trägheit des Geistes.

Die formschwache und zugleich gemächliche, träge Schrift stellt das geistige Tief dar, die in der Form gut gestaltete, niveauvolle, zugleich rasch und sicher geführte Schrift repräsentiert die geistige Höhe.

Vergleichen wir nochmals die Schriften der Abbildungen 1 und 2. Die Schrift 1 zeigt den überlegenen Geist, das schnelle Denken, sichere Urteilen, die Schrift 2 zeigt das schwache Formniveau, die weit geringere Geisteskraft, von den Antriebskräften hier ganz zu schweigen.

Abbildung 18 zeigt ebenfalls die langsame Schrift. Hier sind die Schriftzüge ungelenk, unsicher, und von einer eleganten Schreibbewegung kann keine Rede sein. Die Formen sind unausgewogen, unschön und disharmonisch. Hier zieht keine starke Lokomotive einen Zug schnell und sicher zum Ziel, hier rumpelt ein mühsam gezogener, abgenutzter Karren über das schlechte Pflaster der Gasse.

Man mag einwenden, daß Übung eine Rolle spielt, der Untrainierte zwangsläufig langsam schreiben muß. Dem steht jedoch die Tatsache entgegen, daß Führungskräfte, die nur noch wenig und selten mit der Hand schreiben, dies dennoch sehr schnell und sicher tun. Wer das Schreiben nie geübt hat, der hat sicherlich auch seinen Geist niemals trainiert.

Das sehr schnelle Produzieren von Schrift ist freilich wertschwach bis wertlos, wenn dabei miserabel gestaltet wird, wenn der Schreiber dann mitunter selbst nicht mehr erkennt, was er da geschrieben hat. Man hat stets die Form zu beachten, wenn man von der Schrift auf die Intelligenz schließen will.

Man vergleiche hierzu das Formniveau der Schrift Abbildung 13 mit dem Formenbild von Abbildung 18.

Die Intelligenz zeigt sich freilich nicht nur in der Zügigkeit, Schnelligkeit, Sicherheit, Formgestaltung von Schrift, sie zeigt sich auch in der Gewandtheit, mit welcher die einzelnen Buchstaben verbunden werden. Man betrachte nochmals Abbildung 12, weil hier die Verbindungsgeschicklichkeit ganz besonders augenfällig zutage tritt. Sie zeigt sich auch in Abbildung 13, wobei hier sehr interessant ist, in welcher Weise die i-Punkte mitunter eingebunden werden. In Zeile 2 sehen wir dies beispielhaft bei den drei Worten „in meiner Schrift". Derartige Einbindungen bringt nur ein intelligenter Mensch zustande. Die harmonische

Ausgewogenheit der graphischen Formen wirkt hier angenehm beruhigend.

Betrachten wir im Vergleich hierzu die nun folgende *Abbildung 19:*

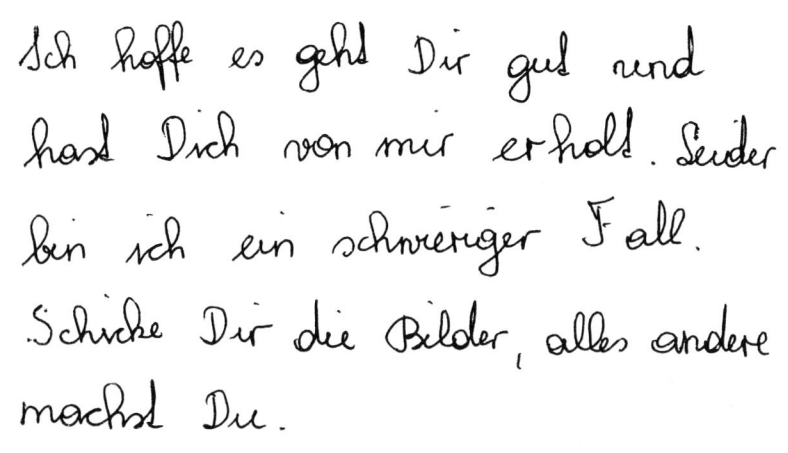

> Ich hoffe es geht Dir gut und hast Dich von mir erholt. Leider bin ich ein schwieriger Fall. Schicke Dir die Bilder, alles andere machst Du.

Abbildung 19

Diese zögernd gemalte Schrift bietet das Bild der Disharmonie. Lustlos und schwerfällig langsam werden hier plumpe, unschöne Formen produziert, und es wird dem Betrachter erkennbar, daß das Schreiben als lästige Arbeit empfunden wird, der man sich freudlos, fast unwillig, unterzieht.

Die Antriebe sind so schwach, daß man von der Schreiberin keinerlei hohe Leistung erwarten darf. Der Geist ist träge, und die Intelligenz ist bescheiden.

Bemerkenswert ist die Linksneigung. Herzliche Zuwendung liegt der Schreiberin nicht, sie beschäftigt sich am liebsten mit sich selbst.

Die Buchstaben sind zwar zumeist verbunden, aber dieses Verbinden erfolgt schulmäßig simpel ohne jede Gestaltungsgewandtheit und Sicherheit, und da der Gedankenfluß zuweilen stockt, kommt es zu Unterbrechungen wie bei „er holt" in Zeile 2. Kein einfühlsamer Betrachter wird auf die abwegige Idee kommen, es hier mit einer sehr intelligenten Persönlichkeit zu tun zu haben.

Man muß sich selbstverständlich darüber klar sein, daß Intelligenz ihre verschiedenartigen Ausprägungen hat, daß es eine Fülle von Variationen der Intelligenz gibt. So kann jemand auch sehr intelligent sein, ohne zugleich ein hohes Maß an Phantasie zu haben. Es kann andererseits der wenig Intelligente erhebliche Phantasie entwickeln, mit der dann mangels Intelligenz nicht viel anzufangen ist, die auf Irr- und Abwege führt.

Eigenständigkeit des Geistes und Phantasie zeigen sich vor allem in der Eigenart des graphischen Gestaltens, im Abweichen von der Schulschablone, der Zuchtschrift.

Der Selbstbewußte und Selbständige, der Individualist, der Egonzentrische und der Eigenwillige entfernen sich von der Schulschrift, zumeist schon in frühen Jahren während der Schulzeit. Wer sich ganz und gar nicht von der in der Schule erlernten Schrift entfernt, dessen Entwicklung ist höchst spärlich geblieben, dessen eigene Urteils- und Gestaltungskraft ist gering, schöpferische Geisteskraft fehlt.

Das Abweichen von der Schulvorlage, das von Zwängen befreite Gestalten der Schrift sollte diese allerdings nicht unleserlich machen, das Schreiben würde sonst sinnlos.

Schrift hält Gedanken fest, ist also zumindest Eigennotiz und muß für den Schreiber selbst leserlich bleiben. Schrift dient überdies oftmals der Mitteilung, sollte damit für den Empfänger leserlich sein. Wer dem Empfänger eine nicht oder kaum lesbare Schrift zumutet, der ist leichtsinnig, nachlässig, egoistisch und unsozial. Unleserliche Schrift ist kein Zeichen der Intelligenz, eine nicht leicht zu lesende Schrift stammt aber oftmals von einem hochintelligenten Schreiber. Es sei hier an die Ärzteschriften erinnert, die vom Patienten oft nicht zu entziffern sind. Hier schreiben fast ausnahmslos intelligente Menschen. Mitunter ist es erstaunlich, daß Apotheker die Rezeptschrift noch lesen können, doch spielt hier die berufliche Verbundenheit mit. Mit einfühlsamer Intelligenz und Beziehung zum Inhalt des Schriftstücks kommt man zudem an die meisten objektiv schwer leserlichen Schriften noch ausreichend heran, doch wird einem dann doch einige Mühe zugemutet, was man sehr wohl als wenig rücksichtsvoll empfinden darf.

Die schlampige und die schwer lesbare Schrift sind zweierlei. Eine hingeschmierte, hingeschlampte Schrift kann sehr wohl leserlich sein, und sie kann ebenso Dummheit ausdrücken wie eine simple ganz schulmäßige Schrift.

Selbstverständlich darf man keinesfalls den Fehler machen, eine Berufsschrift der Schulschrift gleichzusetzen. Wer von Berufs wegen etwas schablonenhaft schreibt, wie dies z. B. bei Architekten mitunter der Fall ist, und wer dies mit einer geschmackvollen, ausgewogenen Eleganz tut, darf nicht als dümmlicher Schönschreiber diskriminiert werden.

Von der Schrift einer Führungskraft ist in jedem Fall Eigenständigkeit zu erwarten. Wer mit Erfolg führen will, führen soll, der bedarf sowohl der Intelligenz wie der selbstbewußten Courage, er wird deshalb keineswegs eine demütig-brave, der Vorlage exakt entsprechende Schulschrift produzieren.

Wer als Bewerber um eine Führungsposition mit einer schablonenhaften, schulgemäßen Schrift beeindrucken will, beweist damit von vornherein seinen Mangel an Eignung, denn es fehlt ihm an Selbständigkeit des Denkens und Handelns, oder er mißtraut der ihm ansonsten geläufigen Schrift, sucht diese zu schönen, dokumentiert damit innere Unsicherheit, sucht schön zu tun, was den Mangel an Selbstwertgefühl und Mut offenbart.

Die der Schablone gemäße, nicht eigenständige Schrift zeigt zudem einen Mangel an Phantasie und Gestaltungsvermögen; die Führungskraft sollte beides mitbringen.

Betrachten wir nun noch die Schrift eines Arztes, *Abbildung 20:*

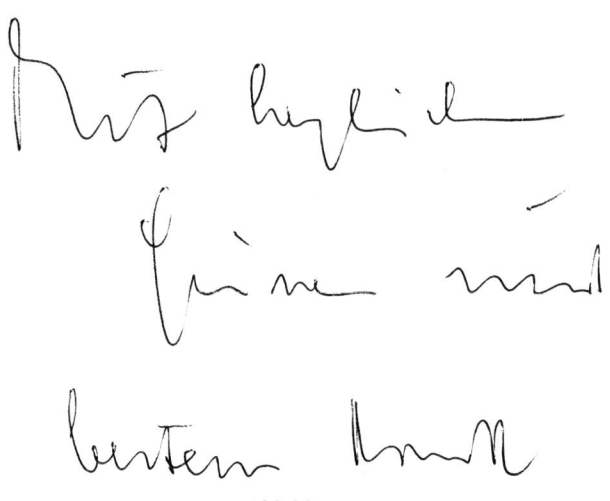

Abbildung 20

Der Bewegungsablauf der weiten Schrift zeigt eine großzügige Lässigkeit. Die eilig gezogenen, fadigen Schriftzüge offenbaren in der Verbindungsgewandtheit und der Vereinfachung der graphischen Formen eine hohe Intelligenz, aber auch eine gewisse Selbstherrlichkeit, mit welcher sich der sehr eigenständige Schreiber über Konventionen hinwegsetzt.

Die Schrift ist im Zusammenhang problemlos zu lesen, würde „herzlichen" jedoch für sich allein stehen, so könnte die Entzifferung schwierig werden, dies gilt auch für „Grüßen", „und", „Dank", und das Wort Dank könnte z. B. auch als „krank" gelesen werden. Dieser sehr tolerante Schreiber zeigt in der unscharfen, unklaren Buchstabengestaltung und in seiner Kunst des Weglassens eine erhebliche Unverbindlichkeit, er mag sich möglichst nicht festlegen lassen, er ist in hohem Maß Individualist, kleinliche Reglementierungen sind ihm nachgerade verhaßt.

Die Schriftzüge entbehren der Stabilität — mit der wir uns noch gesondert befassen —, die geschmeidige Wendigkeit ist hier deutliche Partnerin der Labilität. Manövrierkünste kompensieren freilich nur unvollständig eine fehlende Festigkeit. Die sehr elastische Schrift läßt allerdings auch eine hohe manuelle Geschicklichkeit erkennen, die dem Schreiber als Arzt sehr zustatten kommt. Die Schrift zeigt überdies Phantasie.

Wir sehen die Phantasie auch ausgeprägt in den Abbildungen 1, 2, 5, 7, 12, 14, 15, wobei deutlich wird, daß die Phantasie an Wert gewinnt, wenn sie von einer disziplinierenden Intelligenz begleitet wird, wenn aus der Phantasie kein geistiger Wildwuchs wird, wenn der Sinn für die Realitäten nicht verlorengeht.

Von Feldmarschall Montgomery wurde übrigens zuweilen gesagt, er sei phantasielos gewesen. Er hatte sicherlich keine weitschweifende Phantasie. Seine nüchterne, sachliche Schrift, Abbildung 8, zeigt aber eine ganz beträchtliche geistige Eigenständigkeit, und in den sehr klaren und ökonomischen Gestaltungen neben dem analytischen und streng logischen auch das kreative Denken. Das große „M" zeigt die Phantasie. Montgomery war sicherlich nicht phantasielos, aber er war eben auch ein niemals zu täuschender Realist. Zur Intelligenz gehört eben auch die Fähigkeit, frei von Wunschdenken eine Lage klar zu erkennen, kühl abzuwägen, zu kalkulieren, sonst kann man in die selbst verschuldete Katastrophe schlittern, und es ist als sträflich leichtsinnig zu bewerten, wenn man als Führungskraft Unschuldige mit in den Abgrund reißt. — Man darf niemals Courage mit Leichtsinn verwechseln.

Die Stabilität

ist in jeder Führungsposition unerläßlich. Sie setzt ein massives Persönlichkeitsfundament voraus, es bedarf der inneren Sicherheit. Wer nicht über diese verfügt, der mag zwar Sicherheit spielen können, aber das gelingt allenfalls befristet. Stabilität vermittelt Vertrauen, gibt den zu Führenden den nötigen Rückhalt. Ohne Beständigkeit und stille Ausdauer können keine schwierigen Wegstrecken bewältigt werden, bleiben die schwer erreichbaren Ziele fern.

Stabilität hat mit Sturheit nichts zu tun. Sturheit ist Dummheit, weil sie die Realitäten ignoriert. Die Stabilität muß deshalb stets von Intelligenz begleitet werden, wie umgekehrt erst dann die Intelligenz zur vollen Wirkung kommt, wenn sie die Stabilität zur Partnerin hat.

Man kann die Stabilität auch einer inneren Disziplin gleichsetzen. Labil ist, wer sich nicht disziplinieren kann, wer sich den Neigungen des Augenblicks hingibt, wer sich von wechselnden Stimmungen tragen läßt, wer in Bequemlichkeit ausweicht. Führen kann der Labile, der Disziplinschwache nicht.

Bei Auswahl von Führungskräften ist also stets sorgsam zu prüfen, ob die erforderliche Stabilität vorhanden ist.

Die folgende *Abbildung 21* zeigt nochmals eine Schrift von Generalfeldmarschall Model, weil sich hier die seelische Stabilität sehr deutlich dokumentiert.

Die sehr zügige Schrift ist frei von Starre, sie zeigt eine sehr elastische Energie, und zugleich die solide Beständigkeit und Ausdauer. Beweglichkeit und Festigkeit sind hier gemeinsam mit der hohen Intelligenz bestmögliche Voraussetzungen, um schwierigste Lagen zu meistern, soweit solches menschenmöglich ist. Model war oftmals der Retter in hoffnungslos erscheinender Lage, und niemand hat so wie er in direkter Konfrontation mit Hitler persönlichen Mut bewiesen.

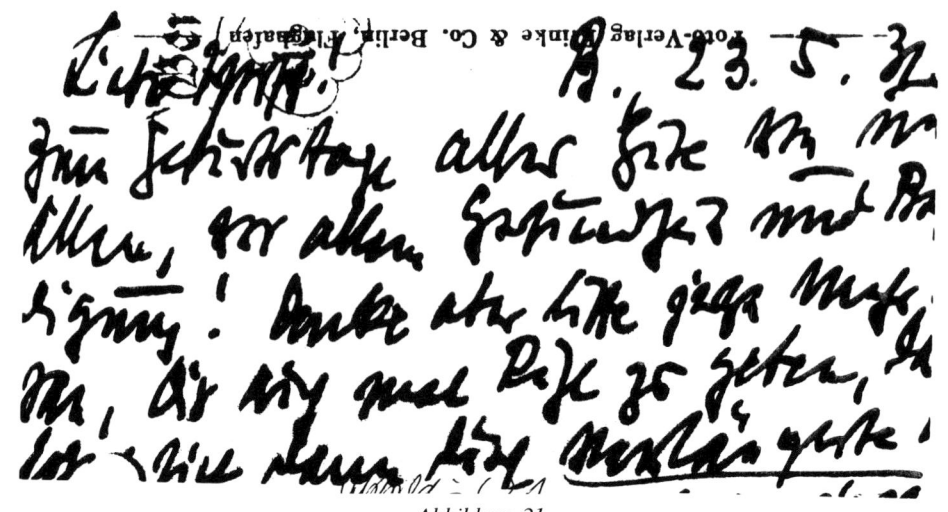

Abbildung 21

Beachtung verdient auch die bedeutende Geschicklichkeit, mit welcher die Buchstaben verbunden sind. Hier äußern sich Schnelligkeit und Sicherheit des sehr selbständigen Denkens. Freundliche Girlanden zeigen sich nicht, die Arkaden zeigen ein Abdecken der Empfindungen. Die Selbstdisziplin ist erheblich, die graphischen Gestaltungen enden schroff, sobald das Nötige getan ist, um etwas klar auszudrücken. Überflüssige Floskeln sind dem Schreiber zuwider.

Die einzelnen Buchstaben werden sehr klar kenntlich ausgeführt, aber die graphische Leistung ist dabei höchst ökonomisch.

Wir haben hier die straff konzentrierte, präzise Leistung von hoher Qualität, das Führungskönnen liegt ganz an der Spitze.

Wenden wir uns nun nochmals der Schrift Abbildung 15 zu, um sie mit Abbildung 21 zu vergleichen.

Auch Abbildung 15 zeigt neben großer Beweglichkeit eine recht solide Beständigkeit, aber die Schrift wirkt doch ein wenig gelöster und toleranter als die Schrift 21.

Auch Schreiber 15 prägt seine Umwelt, möchte und kann dominieren, hat erstklassige Führungsbefähigung, aber er ist doch etwas kompromißbereiter und auch etwas weicher als der Generalfeldmarschall.

Man muß freilich die jeweiligen Lebensumstände berücksichtigen, vor allem aber die Führungsaufgabe, denn es ist doch ein Unterschied, ob eine Heeresgruppe zu führen ist oder ein Industrieunternehmen.

Die nachstehende *Abbildung 22* offenbart die seelische Labilität.

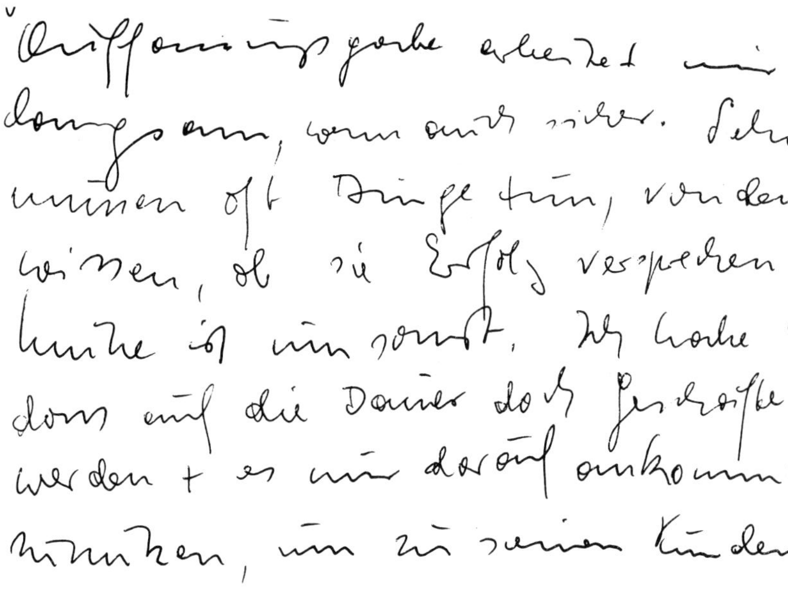

Abbildung 22

Fahrig und nervös gleitet die Schrift ohne griffige Präzision spannungsschwach und lustlos dahin und zeigt deutlich die innere Unsicherheit, die seelischen Schwankungen. Der Schreiber hat kein klares Ziel, weiß nicht was er will, ist wankelmütig und unberechenbar und findet nicht zu einer planmäßigen und disziplinierten Aktivität.

Die Intelligenz ist sehr beachtlich, man beachte die gewandten Verbindungen der Buchstaben, auch die Einbindung der Oberzeichen, so z. B. bei „Auf..", „arbeitet", „Unruhe", aber die intellektuelle Beweglichkeit und die Phantasie ermöglichen dem labilen Schreiber nur die Improvisation, eine die Intelligenz tragende, solide, massive Tatkraft fehlt. Beachtung verdient hier die auffallend schwankende Zeilenführung, welche zu unterschiedlichen Abständen zwischen den Zeilen führt. Es gelingt dem Schreiber nicht, ein Ziel sicher anzusteuern, er hat sich nicht unter verläßlicher Kontrolle, die Gemütslage schwankt und macht die Kooperation problematisch.

Es ist interessant, die Schriftzüge gleichsam unter die Lupe zu nehmen, die Details der graphischen Gestaltungen zu betrachten, weil fast jedes einzelne Wort hier die Labilität widerspiegelt.

Ein harter und systematischer Einsatz ist vom Schreiber nicht zu erwarten, er eignet sich nicht für Stabsarbeit, und es ist ihm nicht möglich, einer Führungsposition auch nur annähernd gerecht zu werden.

Ein Vergleich mit den disziplinierten Schriften der Abbildungen 4 und 10 drängt sich auf. In diesen Schriften zeigt sich die zielsichere Systematik, die Gleichmäßigkeit der mit Ehrgeiz angestrebten soliden Leistung, hier ist Verläßlichkeit der Arbeit.

Der Urheber der labilen Schrift mag zeitweise umgänglicher sein als der harte und kompromißunwillige Produzent der Schrift in Abbildung 10, dennoch ist die Zusammenarbeit mit dem „eckigen" Schreiber wohl vorzuziehen.

Selbstverständlich kann es bei Krankheit, Erschöpfung, unter dem Einfluß von Medikamenten, Drogen und Alkohol zu einer Labilisierung von normalerweise stabiler Schrift kommen, aber die Selbstdisziplin des Stabilen wird solche Einflüsse doch gering halten.

Wenn eine labile Schrift freilich so ganz im Gegensatz zu sonstigen Erkenntnissen über den Schreiber steht, so sollte man in Erfahrung zu bringen suchen, ob besondere Umstände die Schrift verändert haben.

Die Stabilität verliert an Wert, wenn sie zur Starre entartet. Stabilität sollte mit einiger Elastizität verbunden sein, denn Starrheit macht einsturzgefährdet, wenn Stürme toben. Sturheit kann rasch in die Katastrophe führen, wir haben dafür Beispiele genug.

Wer mit Erfolg führen will, bedarf einer inneren Festigkeit, auch einer gewissen Prinzipientreue, er muß unter Umständen aber auch über den eigenen Schatten springen können, muß einer Umstellung und Anpassung fähig sein, so die Vernunft dies gebietet.

Die Aufrichtigkeit

ist von großer Bedeutung. Der Führende bedarf des Ehrgefühls und der Ehrlichkeit, zumal er auf das Vertrauen seiner Mitmenschen angewiesen ist.

Erkannte Unehrlichkeit fördert Mißtrauen. Wer kaschiert, vertuscht, verfälscht, der sägt zwangsläufig am eigenen Stuhl. Ein listiges Herumtaktieren mag vorübergehend Vorteile einbringen, zum erfolgreichen Führen befähigt es nicht.

Befassen wir uns mit einigen Schriftbeispielen:

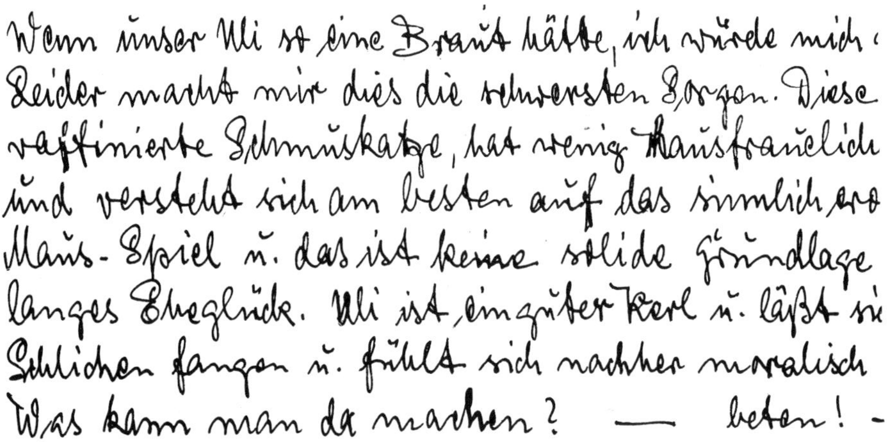
Wenn unser Uli so eine Braut hätte, ich würde mich
Leider macht mir dies die schwersten Sorgen. Diese
raffinierte Schmuskatze, hat wenig Hausfraulich
und versteht sich am besten auf das sinnliche
Maus-Spiel u. das ist keine solide Grundlage
langes Eheglück. Uli ist ein guter Kerl u. läßt si
Schlichen fangen u. fühlt sich nachher moralisch
Was kann man da machen? — beten! -

Abbildung 23

Diese Schrift, *Abbildung 23,* zeigt die seelische und geistige Enge, in der leichten Linksneigung die egoistische Grundhaltung, die Ichbezogenheit, und in der unsachlichen Anreicherung von Großbuchstaben (man beachte „L", „S", „E") die im Trüben fischende Phantasie. Nüchterne Aussagen darf man hier nicht erwarten. Die Großbuchstaben sind ergänzt, haben phantasievolle Zutat erfahren, sollten aufgeputzt, ausgeschmückt werden, um Eindruck zu schinden. Die Unaufrichtigkeit wird hier deutlich.

Die unökonomische Anreicherung von Großbuchstaben zeigt auch *Abbildung 24:*

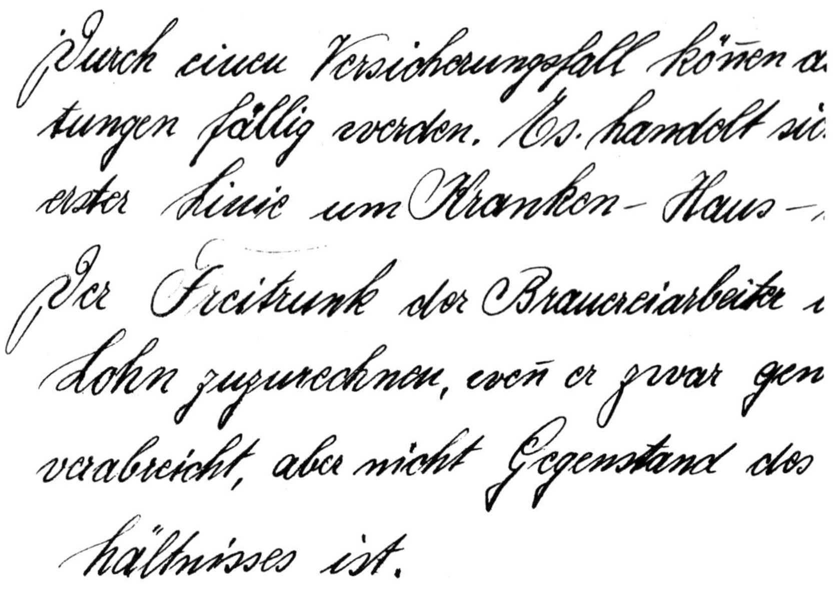

Abbildung 24

Man beachte die graphische Umständlichkeit. Der Schreiber sieht sich bedeutend, er will die Aufmerksamkeit auf sich lenken, will gewichtig in Erscheinung treten und ist dabei weder nüchtern noch realistisch. Hier zeigen sich Gefallsucht und sensationsfreudige Geschwätzigkeit, hier wird übertrieben, wird hochgestapelt, hier darf man nicht die solide und schlichte Wahrheit erwarten.

Immerhin ist der Schreiber erheblich belastbar, vor allem, wenn er sich beim Einsatz Geltung verschaffen darf.

Der Schreiber glaubt „schön" zu schreiben, er möchte und kann „schön tun", er ist freilich nachhaltig auf den Vorteil aus, er ist egozentrisch und egoistisch.

Der intensiven Zuwendung an eine Aufgabe ist er sehr wohl fähig, das Durchstehvermögen ist beachtlich, es kann dabei zur trotzigen Sturheit kommen.

Freimütige Ehrlichkeit zeigt die Schrift nicht.

Menschen vom Schlag des Schreibers sind Stehaufnaturen, die auch sehr harte Lebenslagen halbwegs unbeschadet überstehen können, die seelische Robustheit macht dies möglich.

Überdurchschnittliche Standfestigkeit offenbart auch die folgende *Abbildung 25:*

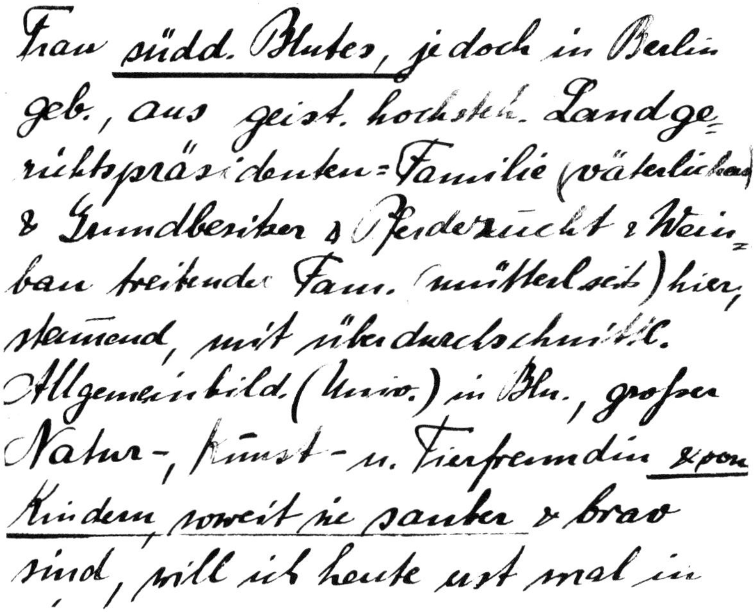
Frau südd. Blutes, jedoch in Berlin geb., aus geist. hochsteh. Landgerichtspräsidenten-Familie (väterlicherseits) & Grundbesitzer & Pferdezucht & Weinbau treibender Fam. (mütterlseits) hierstammend, mit überdurchschnittl. Allgemeinbild. (Univ.) in Bln., großer Natur-, Kunst- u. Tierfreundin & von Kindern, soweit sie sauber & brav sind, will ich heute erst mal in

Abbildung 25

Mit konsequenter Entschlossenheit geht die Schreiberin auf ihr Ziel zu, hart und streitbar vertritt sie ihre Interessen, aber sie will nur ja imponieren, sieht sich zu sehr im Mittelpunkt, neigt zur farbigen Übertreibung. Die Schrift wirkt aufdringlich, die Schreiberin will sich ihrer Umwelt aufdrängen, die betonten graphischen Gestaltungen, welche die Schreiberin als schön empfindet, zeigen Neugier und Sensationslust, eine lästige Redefreudigkeit mit Hang zur Übertreibung, wobei die Ehrlichkeit fragwürdig wird. Man kann der Schreiberin keine Geheimnisse anvertrauen, und für eine Schlüsselposition scheidet sie deshalb aus, obwohl sie physische und psychische Stabilität besitzt.

Mit ihrem Erwerbstrieb eignet sie sich für Aufgaben der Beschaffung, aber sie beschafft dann auch für sich selbst.

Die folgende *Abbildung 26* zeigt übermäßige Starre und Enge:

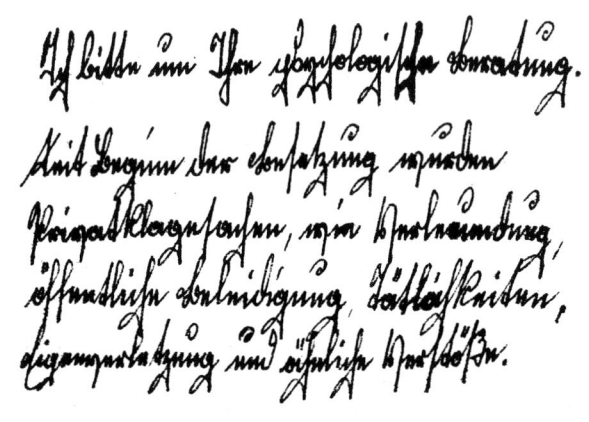

Abbildung 26

Die Schrift ist wie eingeschmort, die Schreiberin sitzt gleichsam hinter den Gittern der eigenen Engherzigkeit. Die steife Eckigkeit zeigt den Eigensinn, mit dem sie sich geradezu „verbohrt". Man beachte die Umständlichkeit der Gestaltungen. Die Großbuchstaben sind angereichert, beginnen teilweise mit einer Einrollung. Hier wird zunächst sorgsam überlegt, berechnet, wird etwas ausgeheckt, hier kommt es nicht zur spontanen und zügigen freien Tat, hier wird mit List operiert. Die Oberzeichen der kleinen „u", diese nach unten offenen Bogen, die mit einer Einrollung enden, zeigen den Mangel an Aufrichtigkeit, zumal auch die Unterlängen eine Arkadenbildung aufweisen.

Wer dermaßen eng und verkrampft schreibt, der wird seiner Umwelt zur Last und ist für Kooperation ungeeignet.

Die Schreiberin wird zwangsläufig sich selbst zum Problem.

Abbildung 27 zeigt die Abwendung von der Umwelt.

Die Schrift zeigt die innere Disharmonie und die Widerspenstigkeit.

Die sehr engen „n" und „m" zeigen die Arkadenbildung, die kleinen Querstriche beim „t" sind krumme Dolche, zeigen verletzende Bosheit,

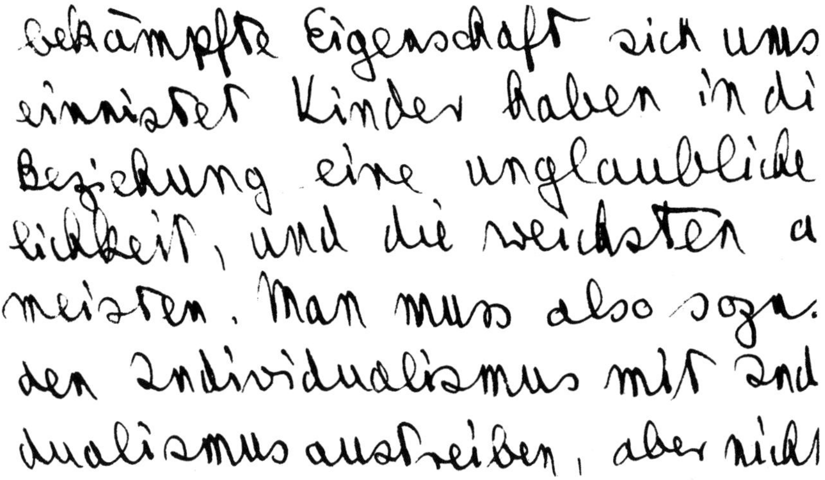

> bekämpfte Eigenschaft sich unsozialster Kinder haben in di Beziehung eine unglaubliche Eitelkeit, und die weichsten a meisten. Man muss also sozu. den Individualismus mit 2nd dualismus austreiben, aber nicht

Abbildung 27

und Aufrichtigkeit darf man auch hier nicht erwarten. Es wird verheimlicht, verdeckt, die selbstherrliche Ichbezogenheit dominiert.

Hier ist so gar keine gelöste, freundliche Zuwendung, hier ist kein Anpassungswille, hier regiert so ganz und gar der eigene Sinn.

Die Schreiberin will führen, etwas zu sagen haben, aber sie eignet sich keineswegs für eine Führungsposition, weil sie so gar nicht geneigt ist, sich auf andere Menschen einzustellen, weil das Verhalten zu egoistisch ist, weil es an Wahrhaftigkeit fehlt.

Unruhige Aktivität zeigt die Schrift der *Abbildung 28*. Der ungeduldige Schreiber ist kaum ermüdlich am Werk, sieht sich sehr wichtig, möchte sich hervortun, redet über vieles sehr gern — und ist dabei nicht streng sachlich.

Die Schrift ist eine zügige, aber auch etwas aufwendige graphische Produktion, wobei einzelne Buchstaben kleine Zutaten bekommen. Es kann hier zur geschwätzigen Offenheit kommen, es kann aber auch etwas verfärbt oder verschwiegen werden, und man muß damit rechnen, daß der unberechenbare Schreiber allzu flexibel taktiert.

In einem Team wird er zur Quelle der Unruhe, die Loyalität bleibt ungewiß, für eine hohe Führungsposition ist er ungeeignet.

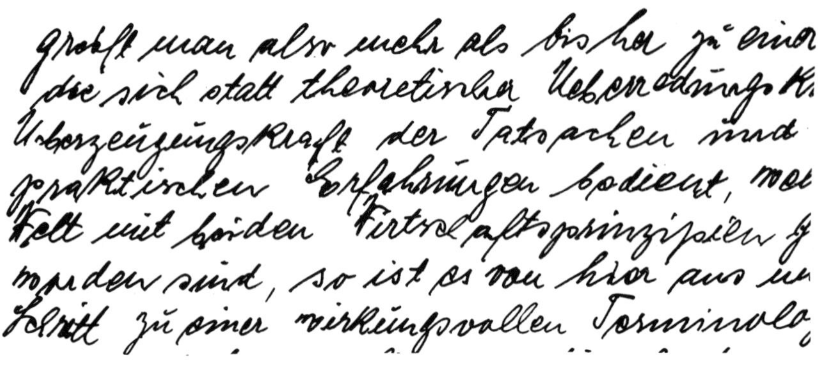

Abbildung 28

Des Schreibers Intelligenz ist freilich sehr gut, man betrachte nur die Gewandtheit der Buchstabenverbindung. Allerdings kommt es mitunter zu kleinen Störungen, auch zu Verbesserungen. Man beachte z. B. „und" in Zeile 3, eine Störung ist im „n", eine kleine Zutat oder Ausbesserung zeigt sich beim „d". Man beachte weitere „bedient" in Zeile 4, hier ist die Umständlichkeit des ersten „e" bemerkenswert, und es kommt zu einer Unterbrechung zwischen „n" und „t". Unterbrechungen solcher Art könnten auch Zeichen einer Erkrankung sein.

Der Schreiber zeigt bei den „m" und „n" hauptsächlich freundliche Girlanden, er zeigt sich vorwiegend umgänglich, es kommt zuweilen aber auch zu „fadigen" Bildungen. Sie machen deutlich, daß teils jongliert und antichambriert wird, und daß man hier gezeigte Freundlichkeiten nicht überbewerten sollte.

Die nun folgenden Schrift, *Abbildung 29*, ist von erheblicher Schlichtheit. Ganz im Gegensatz zu der graphisch aufwendigen Gestaltung der Abbildung 28 finden wir hier einfache Formen, die auf ein einfaches Gemüt schließen lassen.

Die Schreiberin kommt langsam voran, die simplen Formen zeigen keinerlei produktive Phantasie, doch wenn man etwas genauer hinschaut, so trifft man auf kleine Bereicherungen bei „K" und „W". Da schimmert ein klein wenig Eitelkeit durch, da zeigt sich das kleine Schmuckstück am unauffälligen, bescheidenen Kleid.

Die Schrift ist eine ordentliche, sorgsame Arbeit, die Schreiberin will ihre Sache recht machen, die langsamen und nach links geneigten Schriftzüge

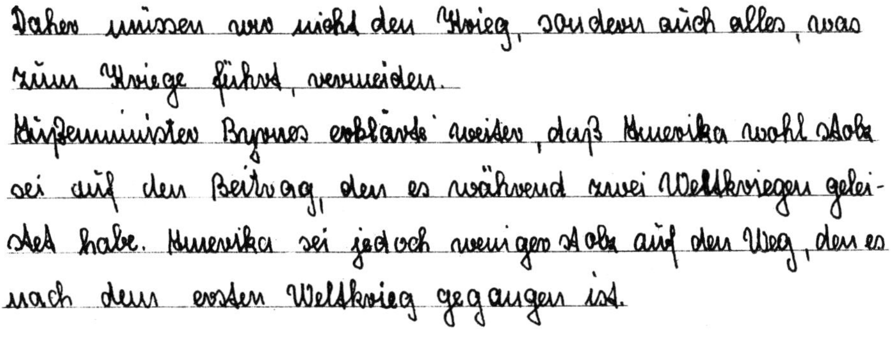

Daher müssen wir nicht den Krieg, sondern auch alles, was zum Kriege führt, vermeiden.

Außenminister Byrnes erklärte weiter, daß Amerika wohl stolz sei auf den Beitrag, den es während zwei Weltkriegen geleistet habe. Amerika sei jedoch weniger stolz auf den Weg, den es nach dem ersten Weltkrieg gegangen ist.

Abbildung 29

zeigen auch ein Gehemmtsein und eine Befangenheit, die die Schreiberin daran hindern, sich stets freimütig und offen zu äußeren. Hier kann es aus Furchtsamkeit zur Unaufrichtigkeit kommen.

Abbildung 30 zeigt Imponiergehabe, das einer kühlen Sachlichkeit im Weg steht.

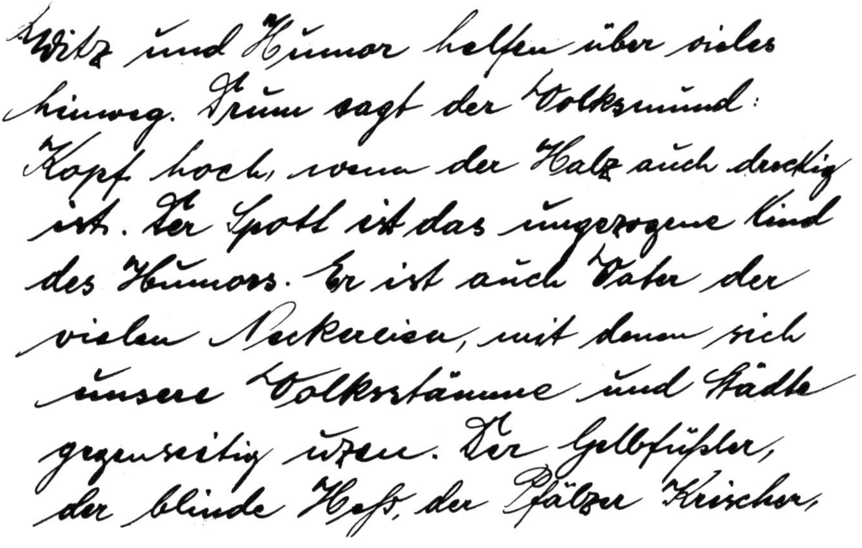

Witz und Humor helfen über vieles hinweg. Drum sagt der Volksmund: Kopf hoch, wenn der Hals auch dreckig ist. Der Spott ist das ungezogene Kind des Humors. Er ist auch Vater der vielen Neckereien, mit denen sich unsere Volksstämme und Städte gegenseitig uzen. Der Gelbfüßler, der blinde Hesse, der Pfälzer Krischer,

Abbildung 30

Die Schrift fällt auf und drängt sich auf, der Schreiber will Aufsehen erregen, und er tut dies mit einem überzogenen Ichgefühl. Man beachte die angereicherten Großbuchstaben, denen gleichsam Glitzerschmuck umgehängt wurde, so bei „W", „V", „H". Die Phantasie ist erheblich, der Schreiber läßt ihr freien Lauf, er schmückt aus, er fügt zur Sache noch etwas hinzu, und es kann zur Phantasielüge kommen.

Geltungsdrang und Eitelkeit stehen im Vordergrund, bestimmen wesentlich das Verhalten. Der Schreiber will und kann sich interessant machen, er kann farbig erzählen, Zuhörer fesseln, aber man hat mit Pseudologie zu rechnen.

Bemerkenswert ist „der Halz" in Zeile 3 mit dem „z", hier kommt es zu einer Fehlleistung, weil dem Schreiber die solide Sachlichkeit nicht liegt.

Der äußerungsfreudige Schreiber will dominieren und führen, aber er ist für eine Führungsaufgabe ungeeignet, weil es ihm an Realitätssinn und Nüchternheit fehlt, weil er keine Selbstkontrolle und -disziplin besitzt, weil er zu selbstherrlich und zu großspurig agiert und weil er nicht seriös ist.

Mangel an Seriosität zeigt sich auch in der folgenden Schrift, *Abbildung 31:*

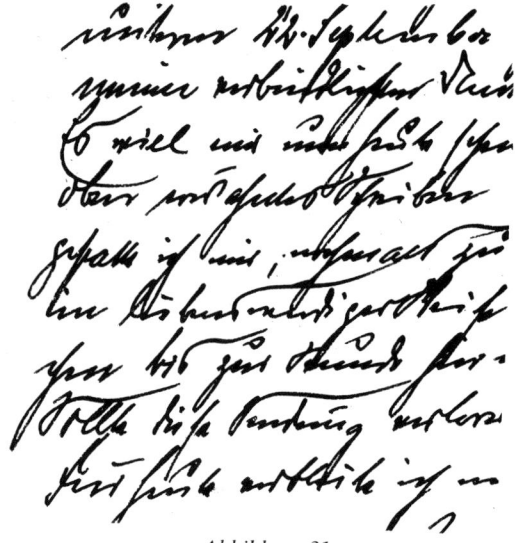

Abbildung 31

Man betrachte die weit ausgreifenden Verlängerungen einzelner Buchstaben. Hier wird „eine Fahne geschwungen", um auf sich aufmerksam zu machen — und hier schlägt die Phantasie Kapriolen. Der Schreiber tritt herausfordernd auf, die sehr entschlossene, spannungsgeladene Schrift zeigt die Machtansprüche. Die Schrift ist aggressiv getönt, der Schreiber nimmt sich sehr viel heraus, und er nimmt keine Rücksicht auf Konvention, wenn er Ansprüche durchsetzen will, wenn ihn etwas reizt.

Man beachte auch die Gestaltung der u-Bogen, sie zeigen die Neigung zur Einrollung, hier zeigt sich Mangel an Offenheit, wofür auch die Arkaden sprechen, die sich beim „m" in „unterm", Zeile 1, zeigen.

Die Rechtslage der Schrift zeigt zwar Zuwendung, aber diese ist hier keine herzliche Zuneigung, sie ist robuster Zu- und Angriff, die unangenehme Attacke. Der Schreiber ist vorwiegend spontan, impulsiv, teils aber auch listig, berechnend, wobei die Aufrichtigkeit auf der Strecke bleibt.

Dieser sehr unternehmungsfreudige Mann ist die Stehaufnatur mit recht guten Nerven, er hat überdurchschnittliche Widerstandskraft und Belastbarkeit, wenn man ihm jedoch eine Führungsposition überträgt, so hat man etliche Querelen und zerschlagenes Porzellan zu erwarten. Zudem ist er nicht fair und auch nicht loyal.

Abbildung 32 zeigt den Erschlafften.

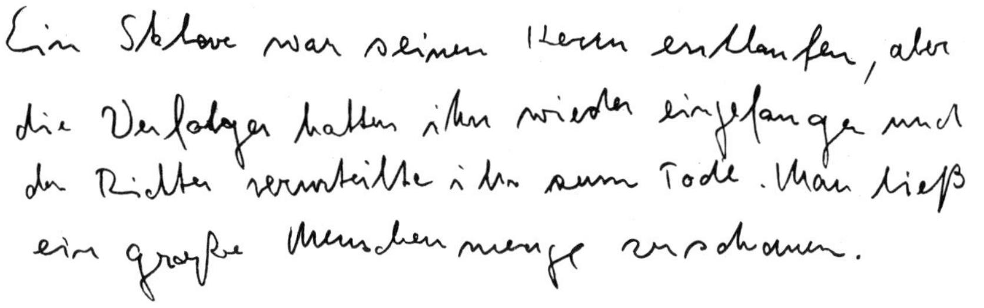

Abbildung 32

Die Schrift ist matt, müde, spannungslos, hier ist keinerlei Griffigkeit und Stabilität, die Schrift ist gleichsam ausgelaugt, verwaschen. Der Schreiber ist in hohem Maß labil. Die Belastbarkeit hat sich einem Tiefpunkt genähert, der Schreiber ist für eine Berufstätigkeit nicht geeignet, von einer Führungsaufgabe ganz zu schweigen.

Der bedauernswerte Schreiber kann sich auf sich selbst nicht mehr verlassen, er kann keine Verpflichtungen eingehen, sie würden ihn völlig überfordern, seine Labilität und Schwäche machen in unzuverlässig.

Die absinkende Zeile zeigt verminderte Antriebs- und Spannkraft, Mut- und Lustlosigkeit, mitunter Lebensangst.

Allerdings hat man zu bedenken, daß auch äußere Schreibumstände die Zeilenführung beeinflussen können; hier macht jedoch die ganze graphische Produktion die Schwäche des Schreibers offenbar.

Stellt sich die Frage nach Aufrichtigkeit und Ehrlichkeit, so kann man sich fast nie mit „ja" oder „nein" begnügen, man muß vielmehr sehr differenzierend antworten, denn Unaufrichtigkeit und Unehrlichkeit haben vielerei Gestalt. Wer nicht stiehlt, ist vielleicht in anderer Weise unehrlich, und wer nicht durchgehend freimütig offenherzig ist, der kann dennoch aufrichtig sein.

Es gibt die Phantasielüge, die Zwecklüge, die Notlüge und sogar die „fromme" Lüge. Der Arzt, der einem Schwerkranken seinen Zustand verschweigt, um ihn psychisch nicht zusätzlich zu belasten, kann deshalb nicht als unaufrichtig bezeichnet werden. Bei graphologischen Aussagen muß man also sehr sorgsam abwägen, sollte man sich so präzise wie möglich äußern — und man muß vor allem auch eingestehen, wenn man eine klare Antwort nicht geben kann.

Eines bleibt außer Zweifel: Wer führt, muß so aufrichtig sein, daß er Vertrauen findet und bildet und dieses dann auch behält.

Erkundung der Führungskraft an Hand von Beispielen

Wir wollen nun weitere Schriften betrachten und versuchen, Erkenntnisse über die Führungskraft zu gewinnen.

Abbildung 33 zeigt die Schrift eines Studiendirektors:

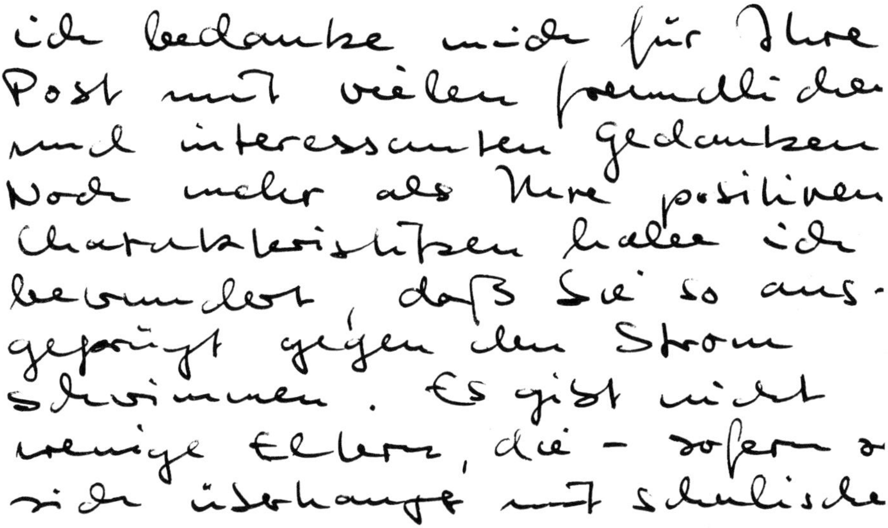
ich bedanke mich für Ihre
Post mit vielen freundlichen
und interessanten Gedanken
Noch mehr als Ihre positiven
Charakteristiken habe ich
bewundert, daß Sie so ausgeprägt gegen den Strom
schwimmen. Es gibt nicht
wenige Eltern, die – sofern sie
sich überhaupt mit schulischen

Abbildung 33

Wir sehen ein Bild der ausgewogenen Klarheit, einer sicheren und zugleich gelösten Beweglichkeit. Der Schreiber bewegt sich zielsicher und seiner selbst bewußt zügig über den Platz, ohne dabei in nervöse Hast zu geraten. Die Schrift ist exakte, gekonnte, fehlerfreie Arbeit, frei von verkrampfter Verbissenheit. Hier ist kein hitziger Ehrgeiz, hier ist Gelassenheit, der Schreiber ruht in sich selbst.

Die Weite fällt auf. Der Schreiber hat einen weiten geistigen Horizont, er hat seelische Weite und Kraft, er besitzt gute Nerven, Widerstandskraft, und es dürfte ihn kaum etwas aus der Fassung bringen.

Die weiten Züge zeigen Großzügigkeit. Der sehr elastische Schreiber ist von pedantischer Engherzigkeit weit entfernt, er ist mit Vernunft human, tolerant, ohne in Gefühlsseligkeit zu geraten.

Die Schrift tendiert ein ganz klein wenig nach links, das macht deutlich, daß der Verstand dominiert, und hier zeigt sich auch ein natürliches Selbstwertgefühl, mit dem der Schreiber als Individualist von der Masse in Distanz ist. Er drängt sich nicht vor und auf, er sucht nicht den Beifall der Menge, er biedert sich niemals an, er wahrt Abstand, und er will — völlig zu Recht — nicht belästigt werden.

Die Schrift offenbart gute Form, die Girlanden zeigen die freundliche Umgänglichkeit, und man kann mit dem aktionssicheren Schreiber vorzüglich kooperieren, so man ihn nicht zu bedrängen, zu beengen oder gar zu bevormunden sucht.

Die Intelligenz ist vortrefflich. Man beachte die Ökonomie der soliden graphischen Produktion, die ebenso kluge wie elegante Verbindung einzelner Buchstaben, das hohe Gestaltungsniveau der einzelnen Formen, wobei auch innere Beziehung zur Kunst zutage tritt.

Wenngleich der sehr eigenständige und freiheitsliebende Schreiber auch Diplomatie einsetzen kann, wenn er diese für geboten und sinnvoll hält, er auch zu schweigen weiß, wenn er dazu verpflichtet wurde, so ist er zugleich mit Ehrgefühl aufrichtig.

Suchen wir nun die Frage nach der Führungsbefähigung zu beantworten. Ein aggressives Erobern liegt dem Schreiber sicherlich nicht, er entspricht jedoch ganz und gar dem Chef eines Stabes, er ist ein erstklassiger Planer, Gestalter, ein weitblickender Organisator und Koordinator, und er versteht sich überzeugend auf Menschenführung und Menschenbehandlung.

Man kann dem Schreiber einen exponierten Einsatz zumuten, und aus graphologischer Sicht könnte man ihm sehr wohl die Leitung eines Planungsstabes, eines Unternehmens oder eines Ministeriums anvertrauen.

Pädagogische Aufgaben liegen dem weltoffenen und flexiblen Schreiber ausgezeichnet, doch liegt wertvolle Führungskraft brach, wenn ihm keine der Befähigung entsprechende Führungsposition übertragen wird.

Die folgende *Abbildung 34* zeigt die Schrift eines im Bereich der Wirtschaft leitenden Herrn.

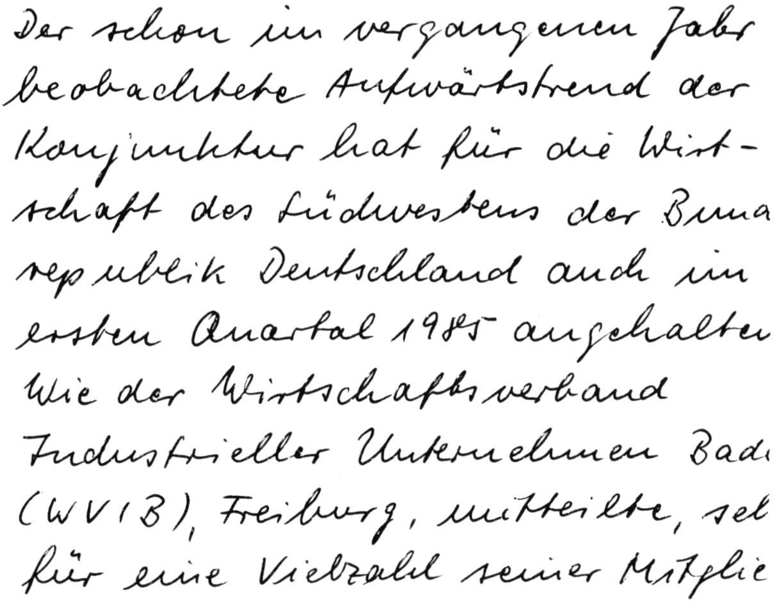

Abbildung 34

Wir sehen einen störungsfrei zügigen Ablauf der Schrift, ein Bild der Harmonie, eine ungezwungene, legere Beweglichkeit, eine natürliche Sicherheit, die von Selbstgefälligkeit frei ist, der alles Forcierte fehlt.

Die Schrift ist solide, verläßliche Arbeit, das Vorgehen ist exakt, gewissenhaft, systematisch, methodisch und zugleich ökonomisch, es gibt keinerlei unnütze Zutaten.

Die Schrift ist etwas nach rechts geneigt, der Schreiber wendet sich seiner Umwelt zu, und die Girlanden zeigen die freundliche Umgänglichkeit. Hinzu kommt eine nicht übertriebene Weite der Schrift. Hier zeigt sich eine tolerante Gutmütigkeit, eine sinnvolle Großzügigkeit, die Fähigkeit sich anzupassen, kollegial zu kooperieren — und auch zu führen. Der Schreiber findet Vertrauen und Sympathie, er führt, ohne kleinlich zu bevormunden, und er ist mit Verantwortungsgefühl bereit, selbst nötige Opfer zu bringen.

Die Schrift zeigt keine rücksichtslose Härte, wohl aber elastische Energie und Durchstehvermögen, eine seelische Stabilität, mit welcher der Schreiber auch schwierige Passagen des Lebens noch überstehen kann.

Der humane Schreiber ist freimütig, offen, er ist ehrlich, verläßlich, und Aufgaben der Menschenführung liegen ihm sehr. Das gute Niveau der graphischen Formen und die Verbundenheit der sicher geführten Schrift zeigen die sehr gute Intelligenz.

Der Schreiber ist kein Machtmensch, er ist besonders für Führungsaufgaben geeignet, bei denen es auf spannungsfreie Kooperation im Team ankommt.

Abbildung 35 zeigt eine sehr bewegte Schrift:

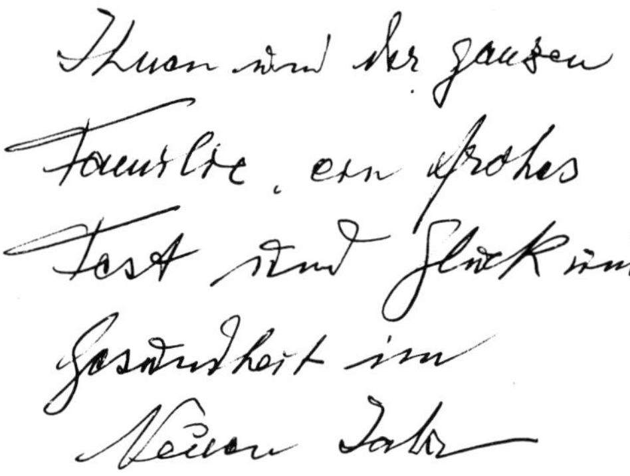

Abbildung 35

Der unruhige Schreiber ist erheblich mit seiner Selbstdarstellung beschäftigt, er will auffallen — und er tut es.

Hier ist keine stille Gelassenheit, hier herrscht der Drang nach Aktivität, mit der sich der Schreiber Geltung verschaffen möchte.

Der graphische Aufwand ist erheblich, zugleich phantasievoll und unökonomisch. Der unstete, hastige Schreiber entwickelt Ideen, die ansteigenden, weiten Striche bei den großen „F" zeigen den Höhenflug der Gedanken, die sich von den Realitäten entfernen. Der Schreiber will weg vom Boden, auf dem er lebt, und er kommt dabei in ein Wunschdenken, verliert Maßstab und klaren Blick.

Die Schrift zeigt Expansionsdrang, Dynamik, Schaffensfreude, aber der Schreiber ist für Führungsaufgaben ungeeignet, weil es ihm an Sachlichkeit, Nüchternheit fehlt, weil er die Dinge sieht, wie er sie eben sehen will, weil das Urteil getrübt ist.

Die Schrift zeigt aggressive Töne, innere Leidenschaft, die nach außen kommen kann, die Reaktionen des Schreibers sind unberechenbar; die Unregelmäßigkeit der Schrift macht dies deutlich.

Der Schreiber ist im achten Jahrzehnt seines Lebens, die sich in der Schrift offenbarende Vitalität ist beachtlich, doch zeigt die Unruhe der Schrift deutliche Schreibstörungen, z. B. bei „und" in der 3. Zeile zwischen „n" und „d" und bei „Jahr" zwischen „h" und „r".

In der Schrift zeigt sich freilich auch der nicht so seltene Altersstarrsinn, der im alltäglichen Umgang belasten kann, und der für Führungsaufgaben ungeeignet macht.

Man darf den Starrsinn eben nie der Stabilität gleichsetzen.

Die in der Schrift zum Ausdruck kommende Intelligenz ist sehr beachtlich, aber es fehlt an einer klaren Systematik.

Die folgende Schrift, *Abbildung 36,* fällt durch ihre Weite auf.

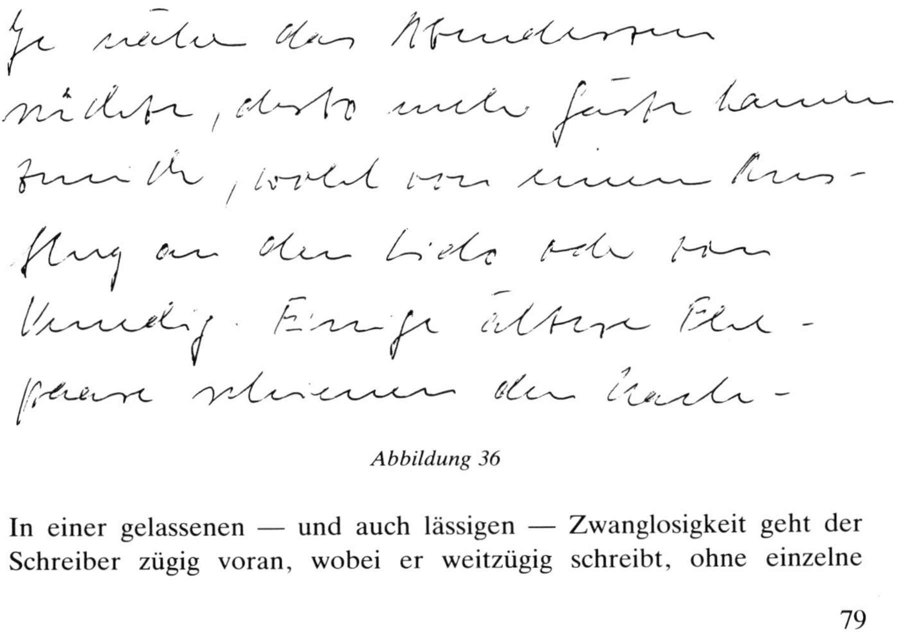

Abbildung 36

In einer gelassenen — und auch lässigen — Zwanglosigkeit geht der Schreiber zügig voran, wobei er weitzügig schreibt, ohne einzelne

Buchstaben voluminös zu entwickeln. Die Gestaltung ist knapp, ökonomisch, es wird nicht bereichert, es wird vielmehr weggelassen, was deutlich macht, daß dem Schreiber jede vermeidbare Arbeit zuwider ist.

Das „r" von „näher" in Zeile 1 kann allenfalls andeutungsweise im Endstrich gesehen werden, und das „r" in „mehr" in der nächsten Zeile besteht nur im kleinen Aufstrich nach dem „h". Verkümmert ist auch das „n" in „den", Zeile 4, und würde dieses „den" für sich allein stehen, so könnte man es auch als „du" lesen.

Der Schreiber schätzt eine nonchalante Großzügigkeit, er ist dabei nachsichtig, tolerant, mit sich selbst und auch mit anderen. Die Girlandenbildung zeigt freundliche Umgänglichkeit, aber die Neigung zum Verknappen und Weglassen zeigt doch zugleich, daß dem Schreiber leicht etwas lästig, daß er bald einer Sache überdrüssig wird, und dies gilt auch für persönliche Bindungen, sofern sie beginnen, ihn einzuengen.

Der so weitzügig Schreibende sucht und braucht Freiheit, und er wird jedem Zwang rasch zu entgehen suchen, dieses auch sehr geschickt zu bewirken wissen. Man beachte die in der Höhe geringe Mittellage, die Schrift hat die Tendenz sich dahinzuschlängeln, sie zeigt eine große Geschmeidigkeit, der Schreiber ist gleichsam schwer faßbar, und Partnerinnen und Partnern enteilt er mit großer Behendigkeit, wenn sie beginnen, zur Last zu werden. Er mag sich nicht einspannen und gängeln lassen, er wird aber auch andere nicht engherzig bevormunden, er gewährt seinerseits Freiheit und ist deshalb ein angenehmer Vorgesetzter.

Die Schrift ist rasche Arbeit. Der Schreiber möchte schnell fertig werden, er tüftelt und stochert nicht herum, er hält sich nicht lange bei Details auf, ihm liegt penible Kleinarbeit nicht. Er ist kein Bürokrat, er mag keine beengende Reglementierung, und er wird solche seiner Umgebung auch keineswegs zumuten.

Die Schrift zeigt überdies Weichmütigkeit. Es gibt nahezu keine Winkel und Ecken, hier dominieren die leichten Rundungen, zeigen die unverbindliche Gefälligkeit, aber auch Gutmütigkeit. Das harte Eingreifen liegt dem Schreiber so gar nicht, und er eilt auch davon, wenn er sich mit Härte einer Herausforderung stellen soll. Er ist nicht der Trotzige, Standhafte, er weicht vielmehr früh- bis rechtzeitig aus — und behält dabei seine Manövrierfähigkeit.

Diese Schrift ist ein Beispiel der hohen Flexibilität. Rasche Umstellung, oberflächliche Anpassung und elegante Wendigkeit werden hier praktiziert. Dabei ist der Schreiber hellhörig, wach, sensibel, „hat Herz" — aber keine exzessive Leidenschaft. Die inneren und äußeren Strapazen liegen ihm nicht.

Die Schrift zeigt hohe Kombinationsgewandtheit, schnelles — und auch instinktsicheres — Erfassen der Lage, hohe Intelligenz. Der rasche Ablauf der Schrift zeigt den beschleunigten Ablauf der seelischen und geistigen Vorstellungen.

Der Schreiber kann schnell etwas konzipieren, etwas managen und organisieren, er kann geschickt improvisieren, und er kann auch großzügig und behende verfahrene Situationen bereinigen.

Zur „krummen Tour" kommt es dabei nicht, die Schrift zeigt keine Neigung zu Abwegigkeiten, sie zeigt vielmehr eine freizügige Offenheit.

Der einfühlsame Schreiber kann lenken und leiten, ihm liegt der Umgang mit Menschen, und er eignet sich für eine Chefposition — wenn es nicht besonders auf Härte ankommt.

Urgestein ist er nicht, die Schrift zeigt keine massive Robustheit, der Schreiber ist keine kämpferische Natur, in heiklen Lebenslagen ist er je nach den Umständen etwas zu weich und labil. Mangel an Härte wird hier allerdings teilweise durch die intelligente Beweglichkeit aufgewogen.

Abbildung 37 zeigt die Schriftzüge einer expansiven und unternehmungsfreudigen Dame, die führen will — und auch kann.

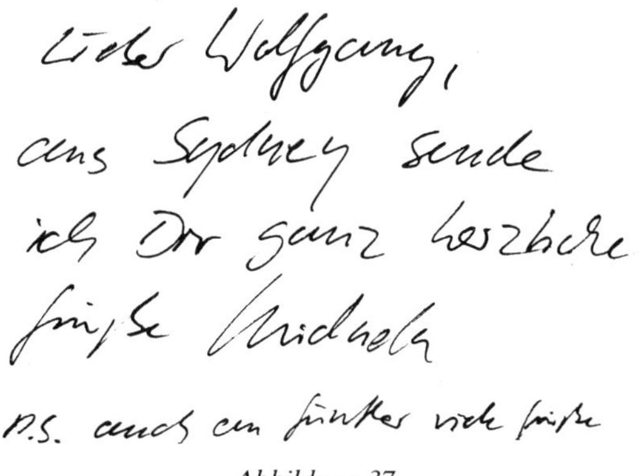
Lieber Wolfgang,
aus Sydney sende
ich Dir ganz herzliche
Grüße Michaela

P.S. auch an Günther viele Grüße

Abbildung 37

Auffallend ist die hohe Beweglichkeit. Das erhebliche Schreibtempo zeigt rasche Entschlossenheit, zügiges Vorgehen, bei dem sehr flexibel operiert wird.

Die ungehemmte Schrift zeigt eine beachtliche Courage und Selbstsicherheit, aus der aber keinerlei Starre entsteht; die Schreiberin ist vielmehr sehr anpassungsfähig und kann sich einfühlsam auf die jeweiligen Situationen — und ihre Umwelt — einstellen.

Die sehr behende Schrift macht deutlich, daß die mühsame Kleinarbeit der ungeduldigen Schreiberin wenig liegt.

Es drängt sie gleichsam voran, sie sucht den Wechsel der Eindrücke und der Aufgaben, sie will etwas unternehmen, und sie eignet sich besonders für eine unternehmerische Tätigkeit. Sie hat Phantasie, Ideen, ihr liegt die Innovation, und sie kann einfallsreich organisieren. Dabei ist sie sehr kontaktfähig, ist gewandt im Auftreten wie im Reden, kann beeindrukken, hat schauspielerische Begabung und auch Freude an der Selbstdarstellung.

Die gerne großzügige, hilfsbereite und tolerante Schreiberin mag sich freilich so gar nicht beengen oder gar „einsperren" lassen, enge Einbindung ist ihr zuwider.

Hohe Intelligenz ermöglicht der Schreiberin rasches Etablieren in jedem neuen Aktionsfeld, und sie kann auch vortrefflich improvisieren.

Eine kühle Gelassenheit zeigt die nach rechts geneigte Schrift nicht, die Schreiberin kann sich ereifern, erregen, sie ist impulsiv — aber sie trägt nicht nach, sie ist generös.

Die Führungsbegabung ist offensichtlich, Härte zeigt sich allerdings nicht, aber auch hier wird die wache und intelligente Wendigkeit doch erheblich zum Ausgleich.

Man kann der noch jungen Dame sehr wohl einen exponierten Einsatz zumuten, doch sollte sie sich auch mal Hilfe holen können.

Etwas mehr innere Ruhe und stille Ausdauer vermag die Schreiberin noch zu finden — wenn sie sich darum bemüht.

Abbildung 38 zeigt eine solide Leistung:

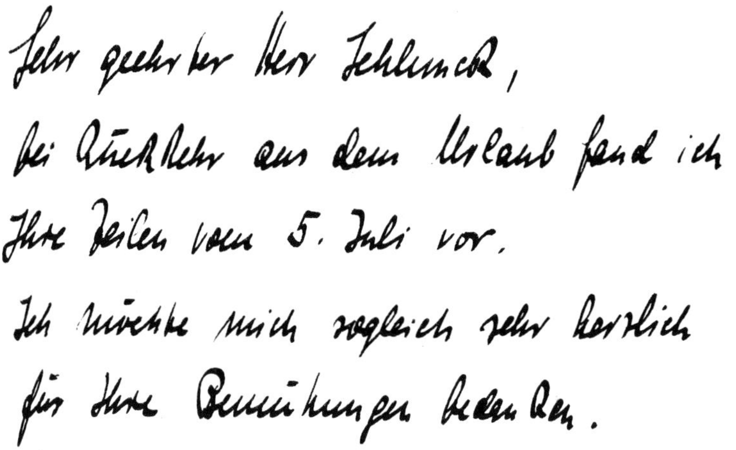

> Sehr geehrter Herr Jehlemcl,
>
> Bei Rückkehr aus dem Urlaub fand ich Ihre Zeilen vom 5. Juli vor.
>
> Ich möchte mich zugleich sehr herzlich für Ihre Bemühungen bedanken.

Abbildung 38

Der Schreiber kommt konzentriert, setzt sich mit Ehrgeiz konsequent und planmäßig ein, arbeitet gleichmäßig gründlich und zuverlässig.

Die Schrift ist nicht sonderlich weit, der Schreiber stürmt nicht voran, er achtet auf Überschaubarkeit, er mag nicht ins Ungewisse, er setzt sich realistisch die Ziele, die er erreichen kann. Hier ist keine Eile und Hast, wohl aber eine zügige Entschlossenheit, dabei innere Festigkeit und Ausdauer.

Diese Schrift zeigt disziplinierte Energie, und die vorwiegend eckigen Formen bei „m" und „n" lassen erkennen, daß der Schreiber der Härte fähig ist.

Eine sehr großzügige Toleranz ist nicht zu erwarten, wohl aber Fairness und korrektes Verhalten.

Die Rechtslage der Schrift zeigt das innere Engagement, eine Zuwendung, die auch ein gewisses Opfer erwarten läßt, wenn die Aufgabe ohne dies nicht bewältigt werden kann.

Der pflichtbewußte Schreiber kann Verantwortung übernehmen, er kann ein Team führen, er ist jedoch nicht der sehr freizügige Gestalter, er sollte einige Direktiven bekommen. In seiner Führungskraft entspricht er der Position eines Bataillonskommandeurs, und er könnte auch als „verlängerter Arm" einer Unternehmensleitung Geschäfte führen.

Der belastbare Schreiber hat allerdings keine gelöste und hemmungsfreie Flexibilität, er geht höchst ungern vom Programm ab, die sehr schnelle und wendige Umstellung liegt ihm nicht. Die Stabilität der Schrift kommt doch etwas in die Nähe von Steifheit.

Die Schrift zeigt weiter einen klaren und scharfen Verstand, zu dem hat der Schreiber sein prestigebewußtes Ehrgefühl. Angeberei liegt dem Schreiber fern, doch sieht er sich — selbstverständlich — gern beachtet und anerkannt.

Abbildung 39 zeigt eine leise zögernde Schrift:

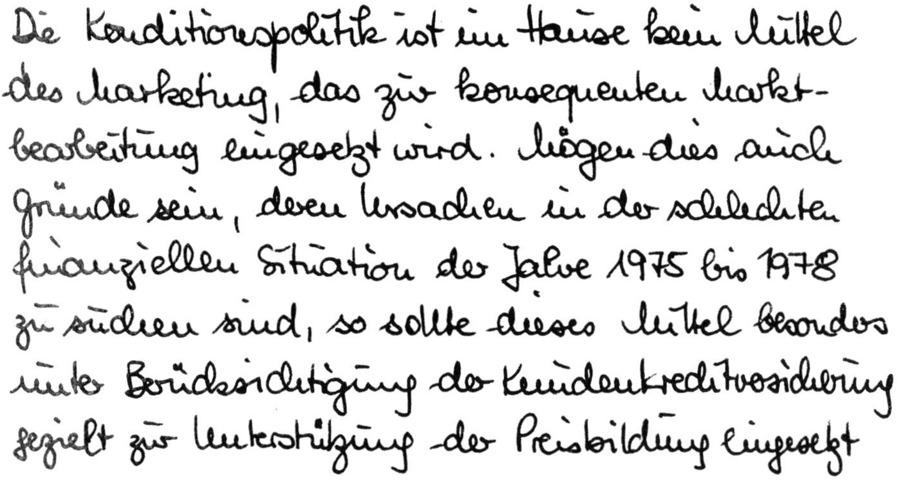

Abbildung 39

hier leben nicht Sturm und Drang, hier waltet Bedachtsamkeit, dominiert risikofeindliche Vorsicht. Der Schreiber steht zunächst etwas passiv da, wartet ab und beobachtet. Das wird besonders deutlich in den kleinen Strichen, welche den „d" vorangesetzt sind. Der Schreiber besinnt sich zunächst einmal, er überlegt reiflich, bevor er zur Tat schreitet, und er wird kaum jemals spontan handeln, vielmehr eben zunächst das Terrain sondieren, abstecken, um dann einen Plan zu entwickeln, an den er sich dann akribisch zu halten sucht.

Man beachte die doch etwas langsame Schrift, die leise Linksneigung, und die sorgsame Gestaltung der etwas betulich wirkenden Graphik. Es wird mit Hingabe gearbeitet, und es wird eine gewisse Liebe zum Detail entwickelt, die nun mal Zeit kostet.

Der Schreiber ist gewissenhaft, gründlich, korrekt, und er arbeitet zuverlässig, solange er sich nicht hetzen lassen muß.

Es ist zugleich offensichtlich, daß der Schreiber „schön" schreiben möchte. Er legt Wert auf das gute Äußere, auf die gute Form, das Formalistische wird überbewertet, Reglementierungen werden beachtet, und der Schreiber operiert mit Geduld konzentriert und systematisch, methodisch, wenn auch da und dort etwas umständlich und nicht knapp ökonomisch.

Eine überlegene Aktionssicherheit zeigt sich freilich nicht. Man beachte „Jahre" in Zeile 5. Am „h" wird eine Schleife angehängt, und das „r" verkümmert — und eben dies in dieser ansonsten doch so korrekten Schrift; das Wort „Jahre" könnte auch als „Jalve" gelesen werden.

Rasche Entschlüsse und couragiertes Vorgehen liegen dem Schreiber nicht. Er hat sein Schutzbedürfnis, er sucht Deckung und Rückzugsmöglichkeiten, er stellt sich Gefahren höchst ungern, und er weicht zurück, wenn er sie dämmern sieht. Die Schrift ist nicht eben eng, einzelne Buchstaben suchen aber doch sehr ihre Nähe und „kleben" gleichsam beisammen. Man betrachte „Hause" in Zeile 1, das „a" mag nicht weg vom „H", und ähnlich ist es beim folgenden „kein": „k" und „e" hängen doch sehr zusammen. Bei „Jahre" kommt das „a" ebenfalls nicht vom „J" frei. Hemmungen, Befangenheit werden hier deutlich.

So kann es wohl keinen Zweifel geben, daß der stets um gute Leistung bemühte Schreiber überfordert würde, wenn man ihm riskante Verantwortung zuwiese. Er hat nicht die Entscheidungskraft und den Mut, der in hoher Führungsposition erforderlich ist, wenn man sich eben keine Absicherung holen kann, wenn man sich selbst in Gefahr bringen muß, um Gefahren von anderen so weit wie möglich abzuwenden.

Der Schreiber kann mit Akribie etwas ausdenken, planen, gestalten, aber er ist kein „Kapitän", kein „Kommandeur", er ist ein Führungsgehilfe.

Ansonsten zeigt die Schrift eine harmlose Eitelkeit. Der Schreiber möchte gefallen, und er strebt nach Geltung, er ist denn auch umgänglich, freundlich — wenngleich alsbald unverbindlich, wenn er seine Interessen bedroht sieht.

Abbildung 40 zeigt einen entschlossenen Expansionsdrang.

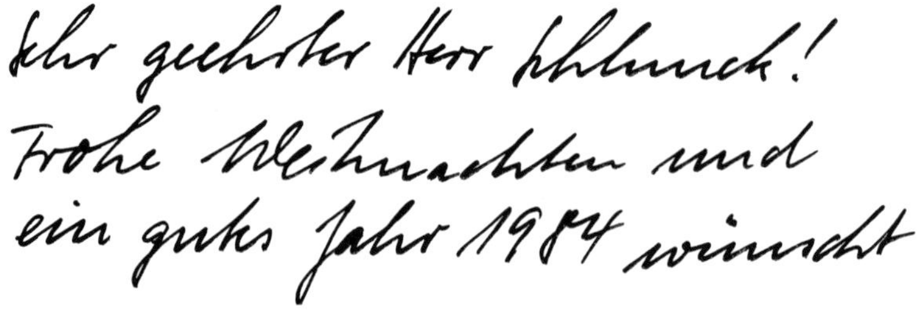

Sehr geehrter Herr Schlunck!
Frohe Weihnachten und
ein gutes Jahr 1984 wünscht

Abbildung 40

Diese klaren, sicher geführten Schriftzüge zeigen eine couragierte und sichere Aktivität. Der Schreiber traut sich „über den Platz", er hat keine Hemmungen, sich zu exponieren, er ist von der Richtigkeit seiner Zielsetzung überzeugt, ihn plagen keine Skrupel und Zweifel, er läßt sich nicht ablenken und aus der Bahn bringen, und er entzieht sich weitgehend fremden Einflüssen, er ist sein eigener Herr.

Die Schrift ist weit und sehr nach rechts gerichtet. Der freie Raum wird gleichsam unbekümmert beansprucht, rasch in Herrschaft genommen, es kommt zur schnellen Eroberung.

Dabei zeigt die temperamentvolle Schrift eine robuste Tatkraft, und die eckigen Winkel bei den „m" und „n" machen die Härte erkennbar, welche der Schreiber einsetzen kann.

Die Zuwendung ist erheblich, lasche Lauheit liegt dem impulsiven Schreiber so gar nicht. Hier zeigen sich Kraft des Herzens und des Willens, hier haben wir die Begeisterungsfähigkeit und den Sturm und Drang aus einer unverbrauchten Substanz heraus.

Der „innere Motor" ist überdurchschnittlich belastbar, der Schreiber eignet sich besonders für Kampfaufgaben, für einen Einsatz auch in Gefahr. Er hat seelische Kraft und gute Nerven, er hat Durchstehvermögen, und er kann dabei auch andere Menschen an sich ziehen und binden, kann sie mitreißen, zur Leistung motivieren — und über Gefahren hinwegbringen.

Die Weite und Größe dieser stabilen Schrift zeigt freilich auch ein Anspruchsdenken und Machtstreben und die Neigung — und Fähigkeit —, klar zu befehlen.

Der Schreiber mag nicht lange fragen, ob er dies und das tun darf oder soll, ihm liegt nicht so viel an der Meinung der anderen, ihm genügt fast stets seine eigene.

Er ist auch nicht sonderlich tolerant und geduldig, und eine gefällige Anpassung kann man von ihm nicht erwarten. Hier haben wir keinen Taktierer, der mit diplomatischem Manövrieren möglichst unbeschadet über die Runden kommen möchte, hier haben wir vielmehr die selbstbewußte, selbstsichere Kraftnatur, die sich freimütig äußert, ihre Absichten von vornherein deutlich macht und der es eben gar nicht liegt, sich immer wieder nach anderen zu richten.

Wenn der Schreiber sich in ein Team integrieren soll, so kann es zu Schwierigkeiten kommen. Er ordnet sich nicht still ein, er will die Hauptrolle spielen, und er will die Richtung bestimmen. Er stellt Führungsansprüche, aber bringt auch Führungskraft mit.

Diesem dynamischen Mann liegen die bahnbrechenden Aufgaben, ihm liegt jede nach außen wirkende Tätigkeit, er eignet sich jedoch nicht für die stille und bürokratische Routine, er wünscht sich eine möglichst freie Aktion.

Die Schrift zeigt gute Intelligenz, doch ist der Schreiber nicht der kühle Intellektuelle, denkt nicht sehr differenzierend, vielmehr nehmen die Gefühle wesentlichen Einfluß auf Denken und Handeln, und er sieht die Realitäten nicht in jedem Fall so ganz nüchtern. Er könnte in Ideologie geraten, etwas zu einseitig sehen.

Der Schreiber eignet sich besonders für den Katastropheneinsatz, für ein Wirken in der Ausnahmesituation, wenn ebenso schnell wie entschlossen gehandelt werden muß. Er eignet sich weiter sehr gut für die Realisierung von Plänen, wenn es auf harte Aktivität und Stoßkraft ankommt, die Widerstände rasch überwindet.

Abbildung 41 zeigt die ausgeprägt kooperative Persönlichkeit.

Die Schrift hat ein hohes Gestaltungsniveau, sie zeigt jedoch keine massive Härte, vielmehr eine leise Weichmütigkeit. Die Schrift ist nicht groß und nicht klein, sie hat eine „normale", mittlere Größe, sie ist eher weit denn eng, sie ist vor allem mit einem ausgewogenen, guten Maß der Umwelt zugewandt.

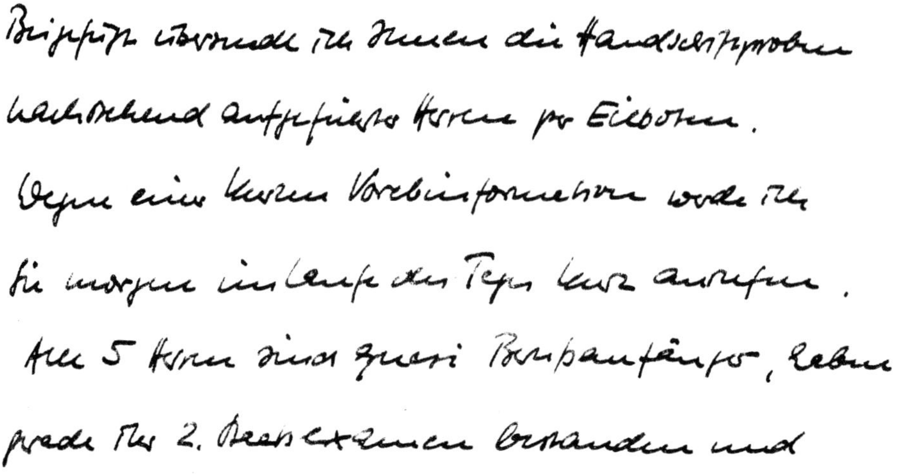

Abbildung 41

Der Schreiber will nicht der Große, Mächtige sein, er will nicht herrschen, befehlen, er möchte mit seiner Umwelt zurechtkommen. Die sensible Schrift zeigt das hierzu nötige Einfühlungsvermögen, sie zeigt gutmütige Toleranz, und sie zeigt verläßliche Fairness und Loyalität.

Dem in hohem Maß gutwilligen Schreiber liegen die Aufgaben der Fürsorge und Betreuung, er ist ein guter Psychologe, ihm liegen auch sehr die pädagogischen Aufgaben, denn er kann mit Geduld erklären, und er ist ein vorzüglicher Personalberater und Personalchef, wenn ihm keine besondere Härte abverlangt wird.

Die ökonomische Schrift ist gewissenhafte, präzise Arbeit, die graphische Gestaltung zeigt beträchtliche Intelligenz, dabei keinerlei protzige Angeberei. In heiklen Lagen darf man hier eine opferwillige Hilfsbereitschaft erwarten; der Befehle erteilende Kommandeur ist er freilich nicht.

In *Abbildung 42* sehen wir die Schrift eines überaus agilen Unternehmers.

Neuland zieht ihn geradezu magisch an, Erkunden, Entdecken, Erschließen sind seiner Natur gemäß. Die eilende Schrift offenbart den Aktionsdrang, und die Vielfalt der graphischen Formen zeigt die kreative Phantasie, die Lebendigkeit des wachen Geistes.

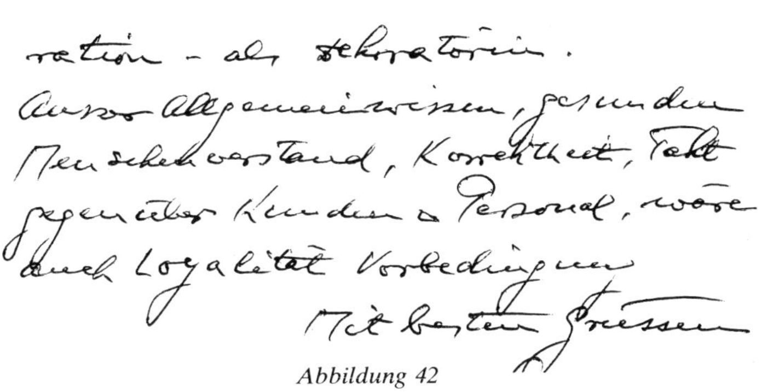
ration – als Sekretärin.
Ausser Allgemeinwissen, gesunden
Menschenverstand, Korrektheit, Takt
gegenüber Kunden u. Personal, wäre
auch Loyalität Vorbedingung
Mit besten Grüssen

Abbildung 42

Der Schreiber liebt Weitzügigkeit und Gestaltungsfreiheit, beengende Reglementierungen wird er verwerfen, wenn sie in einer besonderen Lage unsinnig sind.

Die Schrift des Ideenreichen zeigt erhebliche Flexibilität, er ist ebenso der befristeten Anpassung fähig wie der Selbstherrlichkeit. Die weiten horizontalen Striche bei den „t“ sind Gesten des Herrschens, diese Striche sind überdies „Speerspitzen“, zeigen hier Fähigkeit und Bereitschaft zur begrenzten Aggression. Sie wird in jedem Fall elegant und nicht zügellos sein. Die Schrift zeigt keine wilde Robustheit, der Schreiber verliert nie die Fassung, er behält die Kontrolle seiner Aktionen, er bewahrt stets den klaren und scharfen Verstand.

Die Girlandenbildung zeigt gefällige Verbindlichkeit, der Schreiber ist vorwiegend umgänglich, aber er ist nicht weichlich, er läßt sich nicht ausnützen, er kann auch unerwartet schwierig sein. Man beachte die Gestaltung der „n“ am Ende einzelner Worte, es kommt hier zu einer Linksneigung, das Entgegenkommen hat ein Ende gefunden.

Die Freundlichkeit ist recht angenehm, sie ist aber teils gespielt, und man sollte sie nicht überbewerten.

Der außerordentlich intelligente Schreiber ist meistens ganz bewußt offen, doch schließt dies nicht aus, daß er etwas nicht äußert, weil er Schweigen für sinnvoll hält. Sein Verhalten wird vom Verstand diktiert, ab und zu kann die jeweilige Stimmung etwas hereinspielen.

Der mit Spürsinn begabte Schreiber sieht Details und die weiten Zusammenhänge, kann planen, eine Strategie entwickeln und weiß dann zielsicher und zugleich flexibel zu operieren. Er wird niemals stur sein, er wird rasch vom vorgefaßten Plan abweichen, wenn sich die Lage verändert hat, er kann nötigenfalls vorzüglich improvisieren.

Die Schrift zeigt gleichsam Generalstabsbefähigung, sie zeigt den Strategen und Kommandeur — und dazu noch den Diplomaten. Der sensitive Schreiber kann schwierigen Lagen gerecht werden. Er versteht sich auch auf die Motivierung seiner Mitarbeiter, auf den Umgang mit den Menschen. Der Schreiber kann auch im Bereich der Wirtschaft und Politik höchst wertvoll sein, sein Einsatz ist für jedes Unternehmen von erheblichem Nutzen.

Abbildung 43 zeigt eine gelöste, lebhafte Weitzügigkeit:

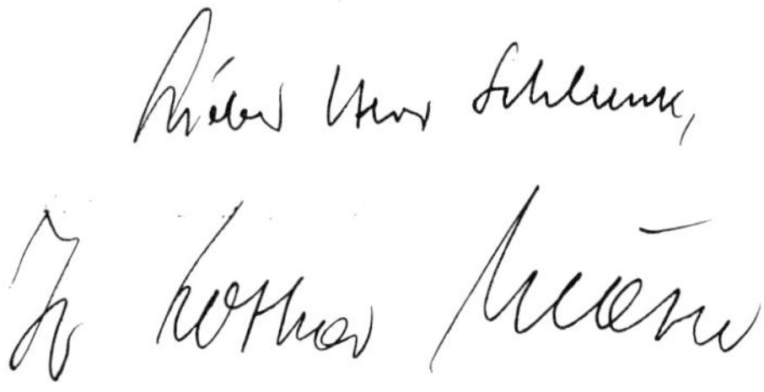

Abbildung 43

Die Schrift des Ministerpräsidenten von Baden-Württemberg zeigt weltoffene Beweglichkeit, unternehmensfreudige Zuwendung, sie zeigt Weitblick in Verbindung mit kreativer Phantasie, und eine elastisch-dynamische Energie, die niemals erstarrt, weil die seelische und geistige Elastizität zu behender Umstellung und Anpassung fähig machen.

Man beachte den Verbundenheitsgrad der Ideenreichtum offenbarenden Schrift, hier zeigt sich hohe Intelligenz. Die legere Weite zeigt die Humanität, der Schreiber hat auch spezifische Begabung für Menschenführung, er läßt mit Toleranz freien Raum.

Eine engherzig-hölzerne Pendanterie liegt dem Schreiber nicht, man sollte freilich auch keine stille Geruhsamkeit erwarten, im Tempo des Schreibens zeigt sich des Schreibers Eile.

Der Schreiber hat rasch eine interessante Konzeption, eine praktikable Problemlösung, er kann mit Courage agieren — und nötigenfalls improvisieren — und er wird dabei auch schwierigen Lagen gerecht, weil er niemals erstarrt, sondern flexibel bleibt.

Diese Gestaltungs- und Führungskraft befähigt für Spitzenpositionen, nicht nur in der Politik, sondern auch in der Wirtschaft.

Dem Bild der imponierend hohen Beweglichkeit folgt in *Abbildung 44* ein Bild simpler Starre.

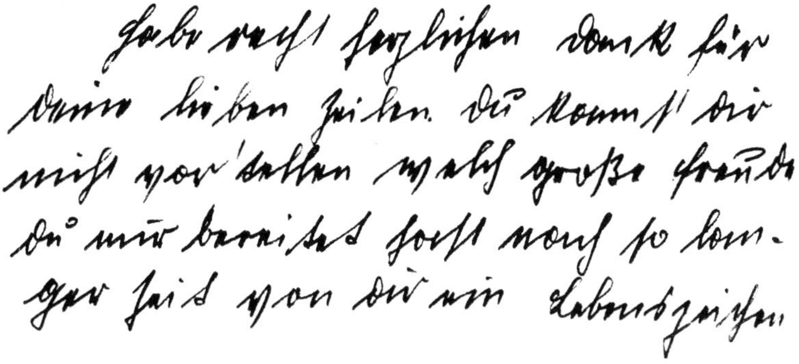
Habe recht herzlichen Dank für deine lieben Zeilen. Du kannst dir nicht vorstellen welche grosse Freude du mir bereitest hast noch so langer Zeit von dir ein Lebenszeichen

Abbildung 44

Die Rechtslage der Schrift zeigt die Zuwendung an ein Ziel, die Ecken und Winkel machen aber auch deutlich, daß diese Zuwendung nicht in gelöster Herzlichkeit, sondern mit einer steifen bis sturen Entschlossenheit erfolgt.

Die Schrift ist trotzig, krampfhaft, rechthaberisch, hier sind keine Girlanden, keine Formen einer liebenswürdigen Gefälligkeit. Wir finden freilich energische Tatkraft, Härte und Fleiß, der arbeitsame Schreiber ist aber ein streitbarer Typ, dem ein elastisches Manövrieren so gar nicht gemäß ist.

Der Schreiber ist zudem nicht aufrichtig, die Oberzeichen der „u", die kleine Einrollung beim „L" in „Lebenszeichen" lassen erkennen, daß man nicht durchweg eine offenherzige Freimütigkeit erwarten darf. Die nach unten gezogenen Endstriche bei dem „v" und dem „W" zeigen gleichsam den „Dolch im Gewand", die Hinterlist. Die Kooperation mit dem Schreiber ist problematisch, er kann als Kontrahent sehr unangenehm werden, sogar gefährlich sein.

Die ganze Disharmonie der graphischen Produktion zeigt des Schreibers Unberechenbarkeit. Er ist eigenwillig, störrisch, läßt sich nicht führen — und hat selbst kaum Führungsbefähigung.

Erholen wir uns von dem wenig erfreulichen Bild bei Jean Cocteau. *Abbildung 45* offenbart den sensiblen Poeten und Lebensphilosophen, der die Dinge an sich herankommen läßt, ohne aggressiv einzugreifen.

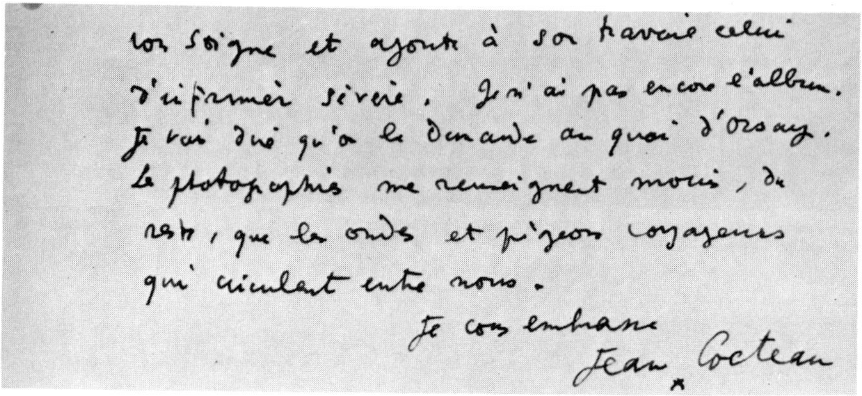
son signe et ajoute à son travail celui
d'imprimerie. Je n'ai pas encore l'album.
Je vais dire qu'on le demande au quai d'Orsay.
Les photographies me renseignent moins, du
reste, que les ondes et pigeons voyageurs
qui circulent entre nous.
Je vous embrasse
Jean Cocteau

Abbildung 45

Die Schrift zeigt keine stürmische Zuwendung, eher ein der Vorsicht entspringendes, etwas passives Verhalten, eine innere Distanz von der Masse. Aber die Schrift zeigt zugleich die subtile Besinnung, das tiefe Eindringen in die Fragen und Probleme, die das Leben stellt, und deren künstlerische Bewältigung. Hier wird mit sehr viel stiller Liebe gearbeitet, hier ist nichts großspurig, laut in Szene gesetzt, hier ist ein Sichbescheidenkönnen — und auch etwas Resignation.

Die Bewegungen sind knapp, ökonomisch, die unkomplizierte graphische Gestaltung zeigt dabei hohes Niveau, überlegenen Intellekt und Kreativität. Deutlich ist auch die kritische Eigenständigkeit des verhalten empfindlichen Individualisten, der mit sich selbst nicht immer in Harmonie lebt.

Man kann die Schrift freilich auch als „etwas eingeschmort" empfinden, wir haben das Bild des gealterten Menschen, der sparsam mit seinen Kräften haushalten muß, der weit raumgreifende Aktivitäten nicht mehr entwickeln kann, obwohl der wache Geist dazu drängt.

Führungsansprüche werden nicht gestellt, der Schreiber kann analysieren, planen, etwas entwickeln, gestalten, er kann auch mit sensibler Einfühlung und Diplomatie kooperieren, wenn ihm daran liegt, er ist jedoch nicht der Kommandeur, der mit Vehemenz führt: „Das Feuer brennt mit kleiner Flamme."

Die folgende *Abbildung 46* zeigt die Schrift eines Unternehmers, der mit selbstbewußter Routine agiert.

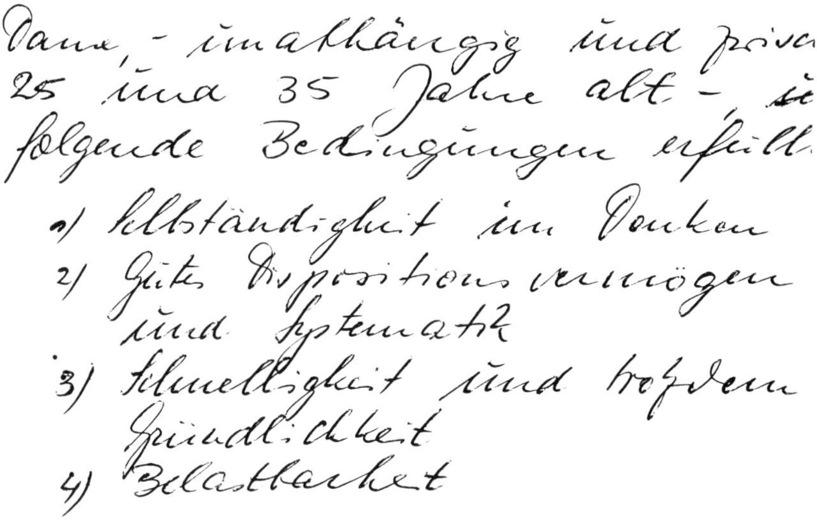

Abbildung 46

Wir sehen den raschen Ablauf der Schreibbewegungen, der Schreiber weiß schnell, was er will, und er handelt mit rascher Entschlossenheit. Das Schreibtempo und der erhebliche Schreibdruck zeigen den starken Antrieb, der Spannkraft, den expansiven Durchsetzungswillen.

Die Größe und Weite der Schrift zeigen den Zug in die Weite und die dabei vorhandene Selbstsicherheit, des von keinen Zweifeln an seinen Fähigkeiten beunruhigten, seelisch recht stabilen Schreibers, der mit robusten Nerven etlichen Stürmen gewachsen ist.

Er sucht nicht die Deckung durch andere, er exponiert sich bewußt, aber er will dabei herrschen, und er mag sich von niemandem behindern lassen.

Die Schrift zeigt den Freiheits- und Tatendrang des pioniergeistigen Unternehmers, dem es nicht liegt, lange zu grübeln, zu forschen, sich mühsam mit den Meinungen der anderen auseinanderzusetzen, dann irgendwie zu arrangieren, der vielmehr so handeln will, wie er dies für richtig hält. Dabei wird er Weisungen einer überlegenen Autorität respektieren, z. B. als Regimentskommandeur die Befehle des Divisionskommandeurs beachten, er wird aber seinerseits befehlen wollen, ein Gleichsein im Team liegt dem autoritären Schreiber nicht.

Die Schrift zeigt die intensive Zuwendung, das „heiße Herz", die Fähigkeit, sich zu begeistern und Begeisterung auch auf andere zu übertragen.

Der Schreiber ist impulsiv, er äußert sich gerne frei, er reagiert mitunter spontan, die Gefühle wirken stets mit, die kühle Berechnung ist nicht seine Sache.

Die klare, exakte, sehr leserliche Schrift ist freilich verläßliche Arbeit. Hier wird nichts verschlampt, nichts vergessen, nichts leichtsinnig übergangen, hier haben wir gründliche Ordnung, die mit kleinlicher Pedanterie nichts zu tun hat.

Der Schreiber unterwirft sich den Zwängen, er kann sich disziplinieren. Dabei ist er die Kraftnatur, die zu Freuden des Lebens keineswegs nein sagt, aber in erster Linie kommt für ihn Leistung.

Das Denken des Schreibers ist allerdings nicht sehr differenzierend, er kommt rasch zu einer Auffassung, die farbig sein kann, und er kann auch in Ideologie geraten. Der zupackende Schreiber ist ein „Truppenführer", und ihm liegen auch sehr die Aufgaben des Geschäftsführers, wenn der expansive Unternehmer gebraucht wird, der sich von Schwierigkeiten kaum beeindrucken und vor allem nicht bremsen läßt. Die Führungskraft ist hier sehr kompakt.

Die *Abbildung 47* zeigt eine sensiblere Schrift.

Die Bewegungen sind hier nicht so großräumig wie in Abbildung 46, die Schrift ist nicht überzogen groß, wir sehen hier keine auffällige, betonte Selbstdarstellung, wohl aber eine sehr zielstrebige Zuwendung — an die Mitmenschen und die Aufgaben. Diese Schrift zeigt den „Mann mit Herz", der zu seinen Gefühlen steht, sie offenbart, der freimütig, offen und ehrlich ist, wobei ihm listiges Operieren nicht liegt. Der sehr empfindungsfähige Schreiber ist kein streitbarer Draufgänger, die Schrift zeigt keinerlei Aggression, er hat aber eine optimistisch getönte Unter-

Abbildung 47

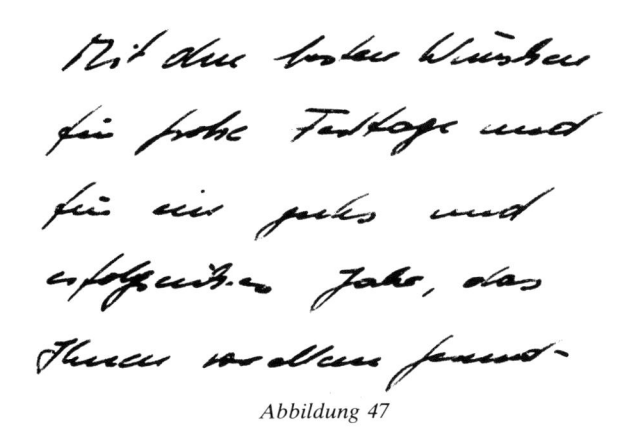

nehmungsfreude, er kann etwas aufbauen, und er kann dabei ein Team in die Zukunft führen, zumal er einfühlsam, anpassungsfähig und niemals starr operiert.

Das innere Engagement ist erheblich, dieser nicht egoistische Schreiber ist auch zum persönlichen Opfer bereit.

Angabe und Selbstherrlichkeit sind dem Schreiber fremd, er möchte und kann fair kooperieren, wobei er sich jedoch nicht unterwirft.

Die graphische Arbeit ist ökonomisch, die Gestaltung zeigt gutes Niveau und sehr gute Intelligenz. Der stets humane Schreiber ist der hilfsbereite, gutartige Teamchef, ihm liegt der Umgang mit Menschen sehr, und er kann führen, wenn keine rücksichtslose Härte gefordert ist.

Dabei ist der Schreiber vor allem auch gewillt, sich mit der Auffassung von Partnern und Mitarbeitern zu befassen, ohne sich eigenwillig und kaltschnäuzig über diese hinwegzusetzen, er eignet sich deshalb sehr für den Einsatz in einem partnerschaftlich strukturierten Führungsteam.

Abbildung 48 zeigt die Handschrift von Lenin.

Diese Schrift zeigt eine kompakte Intensität. Wille, Intelligenz und Gefühl sind gleichermaßen stark und verbinden sich zu ungewöhnlich prägender Aktionskraft.

Hier haben wir spannungsgeladene Dynamik, eine expansive Hingabe, und die Rechtslage der Schrift zeigt die gezielte Zuwendung mit einem mächtigen Strom von seelischer und geistiger Kraft. Hier offenbart sich

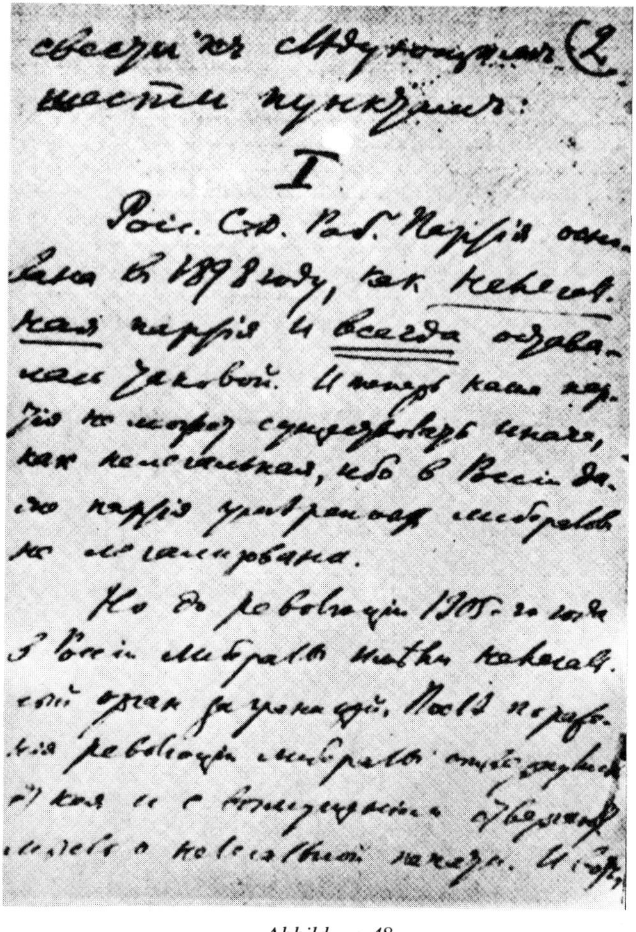

Abbildung 48

der von seiner Idee erfüllte Mensch, den nichts von seiner Überzeugung abbringen kann, der unbeirrt seinen Weg geht.

Die Schrift zeigt ein heißes inneres Feuer, eine sehr entschlossene Energie, Ausdruckskraft, die in ihren Bann zieht, beeinflußt, und Führungskraft, die Menschen und Massen bewegt, die ein Geschehen in Fluß bringt, das sich nicht aufhalten läßt, die Realitäten verändert. Das Denken und die Tat weisen in die Zukunft und reißen die Menschen mit.

Die überaus griffige, feste Schrift zeigt zugleich eine unbeugsame, zupackende Härte, wenn diese zur Realisierung der Idee erforderlich ist, und der Schreiber ist dabei auch hart mit sich selbst. Wehleidigkeit und weichmütige Toleranz liegen ihm nicht, nur mit einer harten Konsequenz kann er sein Ziel erreichen.

Der Schreiber ist auch nicht kompromißbereit, er ist die eigenständige und eigenwillige, weit überlegene Führungskraft, die sich nicht einbinden, einengen läßt, die nicht besorgt tastend an die Probleme herangeht, die nicht herumfragt, was dieser und jener wohl meint und vorschlägt, die sich nicht selbst mit wenn und aber unsicher macht, die vielmehr in eigener Machtvollkommenheit und souverän agiert.

Das Formniveau und die Verbundenheit der Schrift machen des Schreibers hohe Intelligenz deutlich. Die ausdrucksstarke Gestaltung zeigt kreative Phantasie, ein schnelles Erkennen der Situationen, den scharfen Intellekt, der zur Lösung komplexer Probleme und zur Bewältigung extrem schwieriger Lagen erforderlich ist.

Stille Beschaulichkeit und Behutsamkeit liegen dem leidenschaftlichen Schreiber nicht, Mißstände können ihn zu radikaler Lösung herausfordern.

Völlig undenkbar ist, daß dieser Schreiber in einer von ihm selbst erwählten Aufgabe jemals nur einen „Job" sehen würde, die Lebensleistung ist zugleich unentwegtes persönliches Opfer.

Selbstverständlich erwartet der Schreiber auch Leistung und Opfer von seinen Gefährten, ist er in seiner überlegenen Eigenständigkeit unbequem und kann er vehement aggressiv sein, wenn nur so das Ziel zu erreichen ist.

Abbildung 49 zeigt die kooperative Persönlichkeit.

Die harmonische Schrift strahlt Ruhe aus, die Rechtsneigung zeigt im Verein mit den Girlanden ein liebenswürdiges, kulantes Entgegenkommen, die angenehme Weite der Schrift zeigt das „offene Herz", die hilfsbereite Humanität.

Hier ist kein enger Egoismus, keine kalte Berechnung, hier dominiert ein gutmütiges Wohlwollen.

Die Schrift zeigt Einfühlungsvermögen, der Schreiber sucht und findet Kontakt und Sympathie, und er ist für das Team wertvoll, weil er entspannen, vermitteln, ausgleichen kann. Dem soliden Schreiber liegt

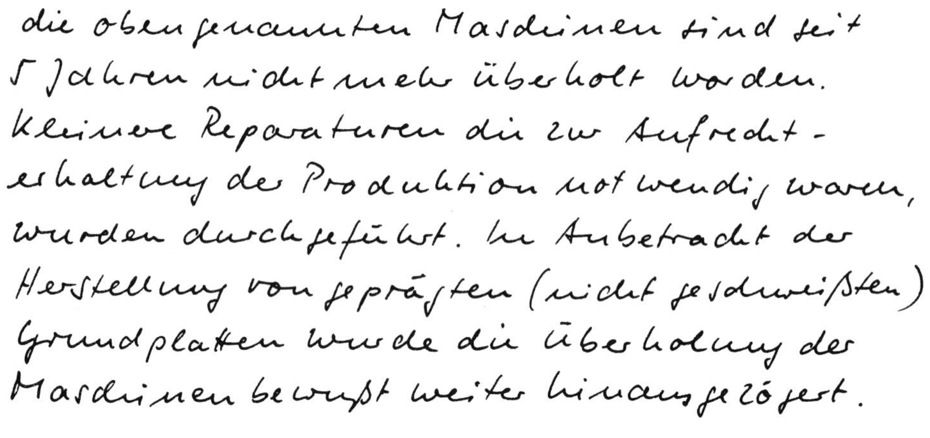

*die obengenannten Maschinen sind seit
5 Jahren nicht mehr überholt worden.
Kleinere Reparaturen die zur Aufrecht-
erhaltung der Produktion notwendig waren,
wurden durchgeführt. In Anbetracht der
Herstellung von gepräjten (nicht geschweißten)
Grundplatten wurde die Überholung der
Maschinen bewußt weiter hinausgezögert.*

Abbildung 49

die Menschenbehandlung, es liegt ihm jedoch nicht, mit einer rücksichtslosen Härte den Weg zu bahnen, sich durchzusetzen.

Dessen ungeachtet ist er sehr wohl zielbewußt, konzentriert, im Einsatz gleichmäßig, geduldig und diszipliniert, und er kann ein Team zum guten Erfolg führen — wenn kein aggressives Vorgehen gefordert ist.

Die graphische Gestaltung zeigt geistige Klarheit, analytisches und logisches Denken und die produktive Intelligenz, welche Werte schafft. In der ökonomischen Schrift ist nichts zu viel, nichts zu wenig, der Schreiber ist in einem hohen Maß vernünftig.

Fairness und Loyalität zeichnen den Schreiber überdies aus, listige Taktik und Spiel der Intrigen sind ihm wesensfremd.

Die folgende *Abbildung 50* zeigt eine massiv fundierte Stabilität.

Der Schreiber hat seelische Kraft und Substanz, und er setzt sich selbstbewußt, intensiv und konzentriert ein. Die Schrift zeigt solide Arbeit, einen pflichtgetreuen Fleiß und den entschlossenen Willen, sich den Strapazen zu unterwerfen, welche die Aufgabe mit sich bringt. Hier wird nicht lau und lässig jongliert, hier ist keine opportunistische, weiche Anpassung, hier ist Unbeugsamkeit und dominiert ein harter Aktionswille.

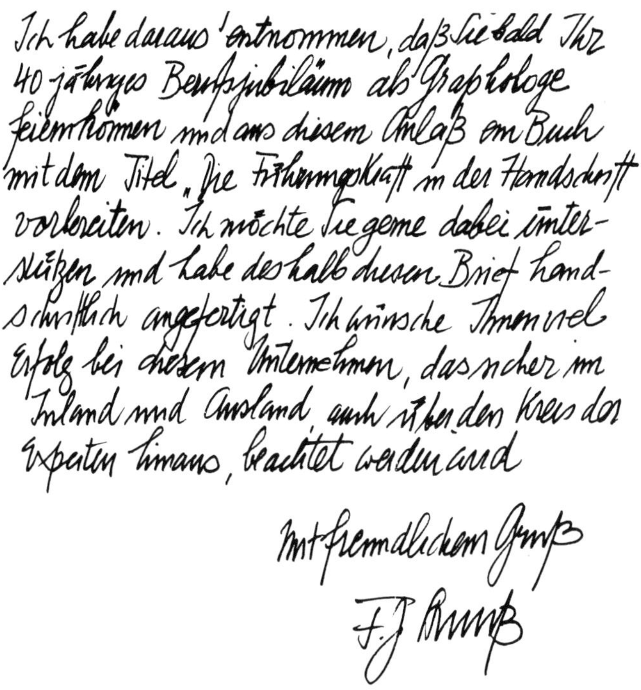
Ich habe daraus entnommen, daß Sie bald Ihr 40jähriges Berufsjubiläum als Graphologe feiern können und aus diesem Anlaß ein Buch mit dem Titel „Die Führungskraft in der Handschrift" vorbereiten. Ich möchte Sie gerne dabei unterstützen und habe deshalb diesen Brief handschriftlich angefertigt. Ich wünsche Ihnen viel Erfolg bei diesem Unternehmen, das sicher im Inland und Ausland, auch über den Kreis der Experten hinaus, beachtet werden wird.

Mit freundlichem Gruß

F. J. Strauß

Abbildung 50

Der zielbewußte und konsequente Schreiber überläßt sich nicht der Lust und der Laune, er hat Selbstkontrolle und Selbstdisziplin, und der kraftvolle Einsatz wird vom Verstand beherrscht.

Die Zuwendung an die Aufgabe erfolgt freilich mit einem ganz erheblichen inneren Engangement, „gejobt" wird hier niemals.

Die durchaus deutliche Schrift zeigt Ecken und Kanten. Der Schreiber neigt nicht zur Gefälligkeits-Bonhomie, er unterwirft sich keinesfalls fremdem Willen, er hat stets die eigene Auffassung und Überzeugung, und er bringt diese klar und entschieden zum Ausdruck. Eine weichmütig-schwammige Diplomatie kann man hier nicht erwarten.

Der geradlinige Schreiber ist ein Mann der offenen Kritik, der freien und klaren Äußerung, was nicht ausschließt, daß er ganz bewußt schweigen kann, wenn dies sachlich geboten ist.

Die Schrift des Bayerischen Ministerpräsidenten macht deutlich, daß der überlegene Intellekt dominiert, die Schrift ist sehr nachdrücklich zielorientiert, es kommt zu starken Empfindungen, jedoch keineswegs zu einem Mangel an Besonnenheit. Die Schrift saust nicht ungehemmt los, die Kraft ist beherrscht, hier offenbaren sich Um- und Vorsicht, obwohl die Courage — wenn nötig — durchaus überzeugend vorhanden ist.

Der Schreiber schätzt Vernunft und Sicherheit, ein bequemes oder gar leichtfertiges Manövrieren liegt ihm gar nicht, er ist verantwortungsbewußt und gewissenhaft.

Führungswille und Führungskraft sind stark ausgeprägt, der produktive Schreiber nimmt nachhaltig Einfluß auf seine Umwelt, er wirkt gestaltend und prägend, und er entspricht dem hohen Kommandeur, der die Dinge im festen Griff hat.

Der faule Kompromiß liegt dem mäßig toleranten Schreiber nicht, seiner wachen Aufmerksamkeit entgehen Mängel kaum, er ist durchaus kein bequemer „Ja-Sager", und er kann bewußt streitbar sein, wenn sich die Auseinandersetzung der Sache wegen nicht vermeiden läßt.

Die Schrift zeigt ein ungewöhnliches Stehvermögen, und des Schreibers Belastbarkeit übertrifft weit den Durchschnitt.

Mit der nun folgenden *Abbildung 51* endet die Erkundung der Führungskraft:

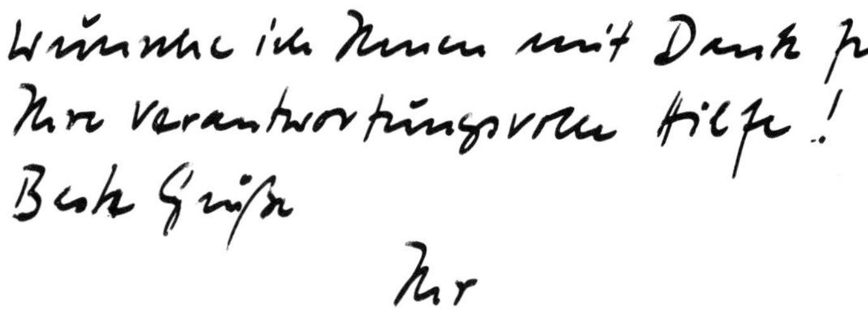

Abbildung 51

Diese ausgewogen harmonischen Schriftzüge zeigen in ihrer legeren Weite die weltläufige und zugleich kreative Unternehmerpersönlichkeit von hohem Rang, die mit Gelassenheit sicher durch die Gefahren steuert — ohne dabei in Hetze zu jagen.

Die Weitzügigkeit der leicht nach rechts geneigten Schrift offenbart die großzügige, gutmütige, stets humane Zuwendung, und sie zeigt die große Befähigung zur Motivierung und wohlwollenden Führung von Menschen.

Das exzellente Formniveau der graphischen Gestaltung zeigt des Schreibers überlegene Intelligenz — und zugleich das beträchtliche Format der abgeklärten Persönlichkeit. Die Ökonomie der Schrift verdient Beachtung, hier haben wir keinerlei unnützen Aufwand und keine überzogene Show, hier dominiert die Vernunft — in Harmonie mit dem Herzen.

Die Schrift zeigt eine vorzügliche Führungskraft, die von Starre und verbissener Härte frei ist. Der souveräne Schreiber setzt sich mit Eleganz durch — er überzeugt.

Nachwort

Es mag jemand sagen: Schrift läßt sich abmessen, den Schreibdruck kann man wiegen, man kann Details der graphischen Darstellung mit mathematischer Präzision erfassen, und man kann sodann Erkenntnisse auflisten, schematisieren und in eine wohldurchdachte Schablone bringen.

Und jemand könnte auf die Idee kommen, einzelne Erkenntnisse gleich Daten einem Computer zu füttern, damit dieser eine Beurteilung liefere, die dann auch Aussagen über eines Schreibers Führungskraft macht.

Dergleichen wäre dann freilich von einer absurden Abwegigkeit.

Das Wesen eines Menschen, seine Kräfte, Fähigkeiten und Schwächen lassen sich niemals mit mathematischer Genauigkeit gleichsam „handwerklich" ausmessen und ermitteln, sie sind nicht schematisch erfaßbar.

Man muß Schrift sehen wie ein faszinierendes Bild, man muß sich von Schrift beeindrucken lassen, man kommt nicht ohne sensible Einfühlung zu Erkenntnissen, die eine Bewertung der Führungskraft zulassen — ohne Intuition geht hier nichts.

Und dies gilt selbstverständlich auch für die Graphologie: Niemand darf sich einbilden, seine Erkenntnisse mit vollkommener Sicherheit gewonnen zu haben.

Wolfgang Schlunck